预制菜
产业与技术

徐玉娟　主编　吴继军　副主编

化学工业出版社

·北京·

内容简介

《预制菜产业与技术》主要阐述了预制菜的产业背景及发展历程、预制菜产品类型及发展趋势、预制菜品质大数据及其形成和变化规律、预制菜加工关键技术和副产物综合利用、预制菜调味品及调味技术、预制菜加工装备等内容，涵盖预制菜从原料到半成品和成品的全产业链。内容翔实、通俗易懂。

本书适合从事预制菜生产加工的广大科研人员、教学人员、管理人员、技术岗位人员阅读参考，也可作为高等院校食品、烹饪相关专业学生的辅修教材和预制菜产业链企业管理技术人员的培训教材。

图书在版编目（CIP）数据

预制菜产业与技术/徐玉娟主编；吴继军副主编. —北京：化学工业出版社，2024.4（2025.6重印）
ISBN 978-7-122-45122-4

Ⅰ. ①预… Ⅱ. ①徐…②吴… Ⅲ. ①预制食品-食品工业-产业发展-中国 Ⅳ. ①F426.82

中国国家版本馆CIP数据核字（2024）第040810号

责任编辑：尤彩霞　　　　　　　　文字编辑：朱雪蕊
责任校对：刘　一　　　　　　　　装帧设计：韩　飞

出版发行：化学工业出版社
　　　　　（北京市东城区青年湖南街13号　邮政编码100011）
印　　装：北京科印技术咨询服务有限公司数码印刷分部
710mm×1000mm　1/16　印张9½　字数164千字
2025年6月北京第1版第2次印刷

购书咨询：010-64518888　　　　　售后服务：010-64518899
网　　址：http://www.cip.com.cn
凡购买本书，如有缺损质量问题，本社销售中心负责调换。

定　价：59.00元　　　　　　　　　　版权所有　违者必究

《预制菜产业与技术》编者名单

主　　编　徐玉娟
副 主 编　吴继军
参编人员　唐道邦　余元善　张业辉　戴凡炜　邓媛元
　　　　　　叶蔚欹　程丽娜　卜智斌　安可婧　穆利霞
　　　　　　王思远　林耀盛　杨怀谷　程镜蓉　王旭苹
　　　　　　赵志浩　焦文娟　赵甜甜　戚英伟　陈飞平
　　　　　　叶明强　王　玲　沈维治

前言

预制菜解决了人们"想吃难做"等问题，是一场厨房革命、餐饮消费革命，它带动了农业、工业和服务业发展，是实现三产融合的有效途径，符合我国乡村振兴、粮食安全、健康中国和"双碳"发展战略，2023 年中央一号文件明确提出"培育发展预制菜产业"，因此发展预制菜产业意义重大。

预制菜产业链涉及农畜水产品生产、贮藏保鲜、加工流通、餐饮服务、市场消费等多个环节，是拉动食品、餐饮、物流、装备制造等行业增长的大产业。建立预制菜营养与品质数据库，分析预制菜加工过程中原料预处理、加工方式对品质的形成机理和变化规律，尤其是原料冷藏冷冻及解冻、半成品调味烹饪及熟化、成品包装物流及复热等处理对预制菜品质的影响，是提高预制菜品质的基础性工作。原料品质安全评价技术、速冻技术、腌制调味技术等各类预处理技术，新型冷藏冷冻和杀菌技术、非热加工技术、微生物发酵技术、酶工程技术等预制菜食材配伍和前处理及加工技术是预制菜品质控制和开发高还原度预制菜的关键技术。预制菜营养精准设计技术可为预制菜营养设计提供技术支撑。提高预制菜原料副产物综合利用率、挖掘副产物中营养功能成分是预制菜产业链提高综合效益的重要环节。预制菜加工装备是提高生产效率、确保不同批次产品质量稳定性的关键因素；畜禽屠宰分割装备，鱼虾贝等水产品取肉前处理装备，射频解冻、液氮冷冻、浸渍冷冻等高品质冷冻与解冻装备，固态食品无菌装罐杀菌、超高压杀菌、电子束辐照杀菌等新型杀菌装备，烹饪装备等设施装备多种多样，预制菜加工企业应根据自身规划产能、投资规模等需要选购相应的装备。

本书主要阐述了预制菜产业与技术相关的内容，尽可能涉及预制菜产业链全过程，适合从事预制菜生产加工的广大科研人员、管理人员、技术岗位人员阅读参考，也可作为高等院校食品、烹饪专业学生的辅修教材。

本书在编写过程中得到了广东省农业科技项目（营养健康型预制菜加工关键技术研究及产业化）、广东省科技计划项目（预制菜工业化加工品质控制关键技术研究及产业化示范）和广东省现代农业产业园项目（广东省农产品加工服务产业园）的资助。

由于编者水平有限，难免存在疏漏和不足之处，敬请读者批评指正。

目录

第1章 预制菜概述 —————————————— 1

1.1 预制菜的定义和范围 ———————————— 1
- 1.1.1 中国食品工业协会团体标准 ———————— 1
- 1.1.2 中国烹饪协会团体标准 —————————— 1
- 1.1.3 广东省农业标准化协会团体标准 —————— 2
- 1.1.4 国家市场监督管理总局等六部门明确的预制菜范围 ———————————————————— 3

1.2 预制菜发展意义 —————————————— 3
- 1.2.1 推动乡村振兴实现新突破 ————————— 3
- 1.2.2 提高食品质量安全水平 —————————— 3
- 1.2.3 有效保障粮食安全、能源安全 ——————— 4
- 1.2.4 提升农产品精深加工发展水平 ——————— 4
- 1.2.5 助推中华饮食文化传承与创新 ——————— 5

1.3 国内外预制菜发展历程 ——————————— 5
- 1.3.1 国外预制菜发展历程 ——————————— 5
- 1.3.2 国内预制菜发展历程 ——————————— 7

1.4 全国各地推动预制菜发展现状和举措 ————— 7
- 1.4.1 广东省 ————————————————— 7
- 1.4.2 山东省 ————————————————— 9
- 1.4.3 福建省 ————————————————— 10
- 1.4.4 河南省 ————————————————— 11
- 1.4.5 河北省 ————————————————— 12
- 1.4.6 长江三角洲地区 ————————————— 13

1.5 国内预制菜企业类型 ———————————— 15
- 1.5.1 农牧水产企业 —————————————— 15

  1.5.2 传统速冻食品企业 ·············· 16
  1.5.3 预制菜肴生产企业 ·············· 18
  1.5.4 餐饮企业 ························ 19
  1.5.5 零售企业 ························ 21
 参考文献 ······································ 21

第 2 章 预制菜加工链及发展趋势 24

 2.1 按食品生产许可证审批的预制菜品类 ········ 24
  2.1.1 肉制品 ·························· 24
  2.1.2 水产制品 ························ 27
  2.1.3 罐头 ···························· 28
  2.1.4 蛋制品 ·························· 33
  2.1.5 速冻制品 ························ 35
  2.1.6 蔬菜制品 ························ 36
  2.1.7 调味料 ·························· 36
  2.1.8 豆制品 ·························· 36
 2.2 预制菜产业体系发展展望 ·················· 37
  2.2.1 预制菜原料及菜品品质评价体系不断完善 ······· 37
  2.2.2 质量安全体系建设推动规范化发展 ········ 37
  2.2.3 预制菜产品营养更加精准化 ············ 38
  2.2.4 集群效应将释放更多产业发展动能 ········ 39
 参考文献 ······································ 39

第 3 章 预制菜大数据及品质研究 42

 3.1 预制菜营养品质数据库研究 ················ 42
  3.1.1 建立预制菜营养与品质数据库 ·········· 43
  3.1.2 实现预制菜产业数据的共享 ············ 44
  3.1.3 创建预制菜安全数据公开平台 ·········· 44
  3.1.4 数据库的运行与管理 ················ 44
 3.2 菜肴加工过程中品质形成 ·················· 45
  3.2.1 预制菜的加工方式 ·················· 45
  3.2.2 预制菜的品质指标及检测手段 ·········· 47
 3.3 预制菜加工过程中品质变化规律 ············ 47

  3.3.1 原料初加工对预制菜品质的影响 ·················· 47
  3.3.2 原料预处理对预制菜品质的影响 ·················· 48
 3.4 原料熟化对预制菜品质的影响 ························ 52
 3.5 复热过程对预制菜品质的影响 ························ 56
 3.6 新型食品加工技术 ·································· 58
 参考文献 ··· 58

第4章　预制菜加工关键技术　　　　　　　　　63

 4.1 肉品品质评价技术 ·································· 63
 4.2 速冻技术 ··· 64
 4.3 腌制技术 ··· 65
 4.4 非热加工技术 ······································ 67
 4.5 肉制品绿色氧化调控技术 ···························· 69
 4.6 微生物综合控制技术 ································ 70
 4.7 微胶囊技术 ······································· 71
 4.8 微生物发酵技术 ···································· 73
 4.9 酶工程技术 ······································· 74
 4.10 营养精准设计技术 ································· 76
 参考文献 ··· 78

第5章　预制菜产业链副产物的开发与利用　　　　　　　　　81

 5.1 水产类预制菜加工副产物的综合利用 ·················· 81
  5.1.1 鱼类加工副产物的综合利用 ······················ 82
  5.1.2 虾加工副产物的综合利用 ························ 83
  5.1.3 贝类加工副产物的综合利用 ······················ 83
  5.1.4 鱿鱼加工副产物的综合利用 ······················ 84
  5.1.5 海藻加工副产物的综合利用 ······················ 84
 5.2 畜禽类预制菜加工副产物的综合利用 ·················· 85
  5.2.1 猪的副产物预制菜 ····························· 86
  5.2.2 牛羊类副产物预制菜 ··························· 87
  5.2.3 禽类副产物预制菜 ····························· 87
  5.2.4 其他 ··· 87
 5.3 植物基预制菜加工副产物的综合利用 ·················· 88

  5.3.1 果蔬类加工副产物的综合利用 …………………………… 88
  5.3.2 皮、渣的加工与应用 ………………………………………… 89
  5.3.3 种子、叶、茎、根、花等副产物的应用 ………………… 90
  5.3.4 其他 ……………………………………………………………… 91
 5.4 其他预制菜加工副产物的综合利用 …………………………………… 91
 参考文献 ………………………………………………………………………… 93

第6章 预制菜调味品及调味技术   **98**

 6.1 调味品的概念及分类 …………………………………………………… 98
 6.2 调味品的市场规模 ……………………………………………………… 99
 6.3 调味品的发展进程 ……………………………………………………… 99
 6.4 调味品的发展趋势 …………………………………………………… 100
  6.4.1 复合调味品 …………………………………………………… 100
  6.4.2 调味品的发展方向 …………………………………………… 100
 6.5 调味技术 ………………………………………………………………… 102
  6.5.1 传统的调味技术 ……………………………………………… 102
  6.5.2 基本的调味方式 ……………………………………………… 103
  6.5.3 预制菜调味技术现状和发展前景 …………………………… 106
 6.6 调味品与预制菜协同发展的途径 ……………………………………… 107
 参考文献 ………………………………………………………………………… 108

第7章 预制菜加工装备   **110**

 7.1 前处理装备 …………………………………………………………… 110
  7.1.1 宰前管理装备 ………………………………………………… 110
  7.1.2 致晕方法与装备 ……………………………………………… 111
  7.1.3 脱毛装备 ……………………………………………………… 114
  7.1.4 掏膛方法与装备 ……………………………………………… 115
  7.1.5 分割装备 ……………………………………………………… 116
  7.1.6 分级和预冷装备 ……………………………………………… 119
 7.2 鸡蛋加工装备 ………………………………………………………… 121
 7.3 解冻与冷冻装备 ……………………………………………………… 123
  7.3.1 射频解冻装备 ………………………………………………… 123
  7.3.2 液氮冷冻装备 ………………………………………………… 124

7.3.3　浸渍冷冻装备 …………………………………………… 125
　7.4　食品杀菌装备 ………………………………………………… 127
　　　7.4.1　固态食品无菌装罐杀菌装备 …………………………… 127
　　　7.4.2　超高压杀菌装备 ………………………………………… 129
　　　7.4.3　电子束辐照杀菌装备 …………………………………… 130
　7.5　食品包装设备 ………………………………………………… 131
　　　7.5.1　液体装料机 ……………………………………………… 131
　　　7.5.2　酱体装料机 ……………………………………………… 132
　　　7.5.3　固体装料机 ……………………………………………… 132
　7.6　封罐、封袋机械 ……………………………………………… 132
　　　7.6.1　封罐机械 ………………………………………………… 133
　　　7.6.2　封袋机械 ………………………………………………… 133
　7.7　冷藏装备 ……………………………………………………… 134
　　　7.7.1　食品冷藏库 ……………………………………………… 134
　　　7.7.2　冷藏柜与冰箱 …………………………………………… 135
　7.8　冷链贮运装备 ………………………………………………… 135
　　　7.8.1　冷藏汽车 ………………………………………………… 135
　　　7.8.2　铁路冷藏车 ……………………………………………… 136
　7.9　烹饪装备 ……………………………………………………… 136
　　　7.9.1　烹饪工业化装备 ………………………………………… 136
　　　7.9.2　厨房便捷装备 …………………………………………… 139
　　　7.9.3　预制菜装备制造逐渐智能化 …………………………… 140

参考文献 ……………………………………………………………… 140

第1章

预制菜概述

1.1 预制菜的定义和范围

1.1.1 中国食品工业协会团体标准

《预制包装菜肴》(T/CNFIA 115—2019)将预制菜定义为以一种或多种食品原辅料(包含谷物或豆类或薯类或玉米及其制品、畜禽肉和副产品及其制品、水产品及其制品、植物蛋白及其制品、果蔬及其制品、蛋及其制品、乳及乳制品、食用菌及其制品),配以或不配以调味料等辅料(含食品添加剂),经预选、调制、成型、包装、速冻等工艺加工而成,并在冷链条件下进行贮存、运输及销售的菜肴。主要分类及范围包括:

1.1.1.1 生制预制菜

食用时,需要或不需要烹饪熟制的预制菜。

1.1.1.2 熟制预制菜

食用时解冻或需要经过简单加热烹饪处理即可食用的预制菜。

1.1.1.3 速冻预制菜

经过速冻工艺加工并在-18℃冷链状态下流通、销售的预制菜。

1.1.1.4 冷藏预制菜

在0~4℃范围内可以控制产品质量,在冷藏状态下流通、销售的预制菜。

1.1.1.5 常温预制菜

在常温下可以控制产品质量,并在常温状态下流通、销售的预制菜。

1.1.2 中国烹饪协会团体标准

《预制菜》(T/CCA 024—2022)将预制菜定义为以一种或多种农产品为

主要原料，运用标准化流水作业，经预加工（如分切、搅拌、腌制、滚揉、成型、调味等）和/或预烹调（如炒、炸、烤、煮、蒸等）制成，并进行预包装的成品或半成品菜肴。主要分类及范围包括：

1.1.2.1 即食/即热预制菜

已完成杀菌或熟制，开封后可直接食用或经过复热即可食用的产品。

1.1.2.2 即烹预制菜

已完成对主要原料的一定程度加工或烹调，可直接进入烹饪操作的产品。

1.1.2.3 预制净菜

对植物性食材进行预处理、清洗、切分、消毒、漂洗、去除表面水分等处理，对动物性食材进行宰杀、去毛、去鳞、去内脏、洗涤、分割等处理，再经预包装后储存、流通的产品。

1.1.3 广东省农业标准化协会团体标准

《预制菜术语、定义和分类》（T/GDNB 99.2—2022）对预制菜的定义：以一种或多种畜禽、水产、果蔬、粮食等原料及其制品和食品原辅料配以或不配以调味料加工而成，并进行预包装，可在冷链或常温环境进行贮存、运输及销售的预制食品。从加工程度和食用方式来看，主要分类及范围包括：

1.1.3.1 预制净菜

以果蔬、畜禽、水产等农产品为原料，对植物性材料采用预处理、清洗、切分、消毒、漂洗、沥干等处理，对动物性原料采用宰杀、去毛、去壳、内脏经洗涤按部位分档取料后经包装后可在冷链或常温环境进行贮存、运输及销售的预制食品。

1.1.3.2 即烹预制菜

以畜禽、水产、果蔬、粮食等一种或多种农产品和食品原辅料配以或不配以调味料加工而成，并进行预包装，在冷链或常温环境进行贮存、运输及销售，可直接进入烹饪操作的预制食品。

1.1.3.3 即热预制菜

以畜禽、水产、果蔬、粮食等一种或多种农产品和食品原辅料配以或不配以调味料加工而成，并进行熟制或不熟制，可在冷藏或冷冻环境进行贮存、运输及销售的经解冻、拼配、调味、加热即可食用的预制食品。

1.1.3.4 即食预制菜

以畜禽、水产、果蔬、粮食等一种或多种农产品和食品原辅料配以或不配以调味料加工而成，并进行杀菌、烹饪等加工，可在冷链或常温环境进行贮存、运输及销售的即食预制食品。

1.1.4　国家市场监督管理总局等六部门明确的预制菜范围

2024年3月，国家市场监督管理总局、教育部、工业和信息化部、农业农村部、商务部、国家卫生健康委联合印发《关于加强预制菜食品安全监管促进产业高质量发展的通知》（以下简称《通知》）（国市监食生发〔2024〕27号），《通知》聚焦预制菜范围、标准体系建设、食品安全监管和推进产业高质量发展4个方面，首次在国家层面明确预制菜范围，即预制菜是以一种或多种食用农产品及其制品为原料，使用或不使用调味料等辅料，不添加防腐剂，经工业化预加工（如搅拌、腌制、滚揉、成型、炒、炸、烤、煮、蒸等）制成，配以或不配以调味料包，符合产品标签标明的贮存、运输及销售条件，加热或熟制后方可食用的预包装菜肴，不包括主食类食品，如速冻面米食品、方便食品、盒饭、盖浇饭、馒头、糕点、肉夹馍、面包、汉堡、三明治、披萨等。

1.2　预制菜发展意义

1.2.1　推动乡村振兴实现新突破

实施乡村振兴战略，产业振兴是重中之重，促进一、二、三产业的融合发展，是推进乡村产业振兴的根本途径。预制菜一头连着市场供给，一头连着农民增收，被认为是农村三产融合发展的新模式、新路径、新力量。我国目前大力推动预制菜加工、农村电商物流、乡村休闲旅游等乡村产业与产业消费一体化融合。纵向上，有利于打造区域性特色预制菜全产业链，推动预制菜产业向上游延伸，向下游拓展，充分衔接上游农林牧渔、调味品等产业以及下游商超零售、社区、学校、餐饮等消费端群体，推动农产品增值、产业增效的同时有效提升消费者生活便利度。横向上，有利于促进农业生产、饮食文化、农村休闲旅游、生态康养等产业深度融合，丰富乡村产业类型，提升产业经济价值，不断促进乡村振兴实现新的突破。

1.2.2　提高食品质量安全水平

预制菜产业可同时覆盖农产品原材料供应、初加工制品、精深加工利用环节，是拓展农产品原材料加工用途的重要新出口，发展预制菜有利于实现农产品原料的商品化、标签化、品牌化，有效延伸产业链。

随着人们生活水平的提高、工作节奏的加快以及观念的转变，越来越多的人选择即热食品、预制菜肴、团餐等更为简单便捷的用餐模式。预制菜原料来源离不开种植和养殖，与工业产品相比，农产品原料因环境差异、个体差异，时常存在品质差异，包括大小、外形、颜色、口感等，导致产品难以标准化。预制菜是工业化的食用农产品，对于部分难以标准化的农产品原料，预制菜的生产能够通过进一步的处理，确保包装、规格、口感都更加一致，从而实现产品标准化，更有利于区域公共产品品牌的打造，也利于实现从农田到餐桌涵盖食品生产全过程的质量监管，增强本地农产品和预制食品的市场竞争力，也有效保障消费者饮食健康。

1.2.3 有效保障粮食安全、能源安全

近年来，包括食品行业在内的工业化快速发展，给人们提供生活便利及优秀产品的同时，也给生态环境带来了不小的压力。随着碳达峰、碳中和以及保障粮食安全、能源安全等目标和要求的提出，食品行业节能减排已成为了当务之急。而大力推动预制菜产业发展已成为实现食品行业"双碳"（即碳达峰与碳中和）目标，有效保障粮食安全、能源资源安全、重要产业链供应链安全的重要抓手。

首先，预制菜原料一般是集中采购，有利于促进上游种植养殖行业集约化、规模化经营，便于集中管理、集中治理污染和控制排放。其次，预制菜加工过程中，生产企业能够集中生产，不断更新新型的加工技术，并保证标准化、规范化作业，过程中能够有效节约能源，减少污染物排放，且有利于包装的回收再利用。最后，在消费端，将分散的小规模的家庭厨房转变为工厂化生产，家庭消费者只需简单烹饪即可食用，又能够显著减少城市厨余垃圾收运处理量以及农产品原料在家庭加工中的损耗，从而减少碳排放。

1.2.4 提升农产品精深加工发展水平

长期以来，农产品精深加工发展水平不高，科技贡献率低，导致了农产品市场竞争力弱，农业附加值难有实质的提升。预制菜的生产过程，是食品工业由零食加工、方便食品的加工制作，逐渐升级到中餐主菜的工业化加工的变革，是食品工业的一次重大升级。

预制菜作为新兴产业，对产品的加工技术、质量安全、保鲜包装等方面要求都较高，这对传统农产品加工企业也提出了高要求，能够有效带动加工过程中加工工艺、包装、设备及运输环节的标准化提升，促进农产品精深加工产业的技术升级、标准升级和质量安全升级，不断提升产业规模效益，助力富农增

收。另一方面，包括预制菜在内的食品工业发展，实现从农业生产向工业化延伸发展的同时还能够吸纳就业，增加了税收来源，并且可通过上下游联动促进区域产业的整体升级，带动经济发展。

1.2.5 助推中华饮食文化传承与创新

"中国美食"是深受海外青睐的中国文化元素，中国美食源远流长、博大精深，经过数千年的发展，已逐步形成了独树一帜的美食文化，是中华优秀传统文化的重要组成部分，也是国家文化软实力的重要组成部分。中式预制菜肴品种繁多、风味独特，有着鲜明的民族特色。菜系根据行政区划、地域方位及饮食习惯进行划分，鲁菜、川菜、粤菜、苏菜于20世纪50～70年代成为最早的四大菜系，后续逐渐发展成八大菜系，即川菜、鲁菜、粤菜、闽菜、苏菜、浙菜、湘菜、徽菜。

中式预制菜囊括了众多具有地标性的美食产品，可作为城市名片向世界传播中国饮食文化，带动国内各地的产业化经济发展。中国饮食具有国际普适性，被接纳程度高，海外中餐厅多分布于亚洲、北美洲和欧洲，中式餐饮已成为中国文化向世界传播的一种重要承载形式。在国内国际双循环背景下，越来越多的中国预制菜企业正在加速拓展海外市场，在输出我国饮食文化的同时，不断探索新的市场增值空间。

1.3 国内外预制菜发展历程

1.3.1 国外预制菜发展历程

1.3.1.1 美国

（1）发展历程

美国预制菜起源于20世纪40年代，第二次世界大战时期，美国冷冻食品受第二次世界大战军队需求增加迎来快速发展期，第二次世界大战之后，随着工业化程度的加深和人口持续增长，冷冻食品迅速完成了从军需到市场化的推广，这其中预制食品也随之快速增长，在整体行业中的比重不断增加。1950年后，美国连锁餐饮行业品牌（如肯德基、麦当劳等）迅速扩张，半成品原料等预制食品的采购需求进一步扩大。1970年后，连锁餐饮行业增速逐渐放缓，预制食品行业规模趋于稳定，生产技术、产业链条等也逐渐规范和完善，行业进入成熟期。

（2）代表企业

Sysco是美国最具代表性的餐饮供应链企业之一,成立于1969年,从经营原料采购、物流配送、销售速冻食品起家,后来与8家小型食品配送公司合并,并于1970年3月正式上市。Sysco上市后持续收购兼并,大幅扩展经营范围及产品品类。

五十多年来,Sysco并购次数超过200多次,业务遍及全球,产品类型涵盖速冻食品、海鲜、家禽、蔬果、乳制品等,客户群体涉及酒店、餐饮店、学校、医院、超市等。Sysco公司在全球90多个国家拥有330多家分销机构,多元化的产品类型、广泛的地域分布和不断优化的客户结构,使Sysco形成了强有力的竞争壁垒,也有效增加了公司的抗风险能力。

1.3.1.2 日本

(1) 发展历程

20世纪60、70年代开始,日本经济高速发展,生活节奏加快,速冻食品需求日益增长,为了应对当时食品资源的匮乏,政府出台相应政策,大力支持制冷技术、装备的研发及制造,鼓励扶持速冻食品企业发展,冷冻预制菜开始迅速渗透。1970年后西方连锁餐饮品牌进入日本市场,为了降低人力、房租成本及提升标准化水平,预制菜在B[1]端的需求快速增长。同时随着微波炉等小家电的普及,日本预制菜也逐渐打开了家庭市场。20世纪90年代后,日本经济下行,居民外出就餐需求减少,餐饮业增长停滞,预制菜B端需求下滑,但由于人口老龄化、家庭小型化等因素影响,预制菜凭借着便捷优势在C[2]端市场的份额稳中有升。

(2) 代表企业

① 日冷集团 日冷集团成立于1942年,最早以制冰、海产品等业务起家,后来逐渐发展成为日本预制菜龙头企业。2021年,日冷集团冷冻食品市场占有率日本第一。集团拥有日冷食品、日冷物流、日冷生鲜等主要子公司,涵盖原料采购、加工、仓储配送,形成了全产业链布局。在上游,通过日冷生鲜自产和全球采购,依托完善的生产管理体系,保障原材料供应安全;中游,持续扩充产能配合集团扩张,重点提升生产效率;下游,依托日冷物流全球布局冷链网络,为食品销售提供支撑。

公司目前主营预制食品、物流、海产品、肉禽产品等,产品品类丰富,总

---

[1] B端(Business to Business)是指企业之间的商业活动,即企业面向其他企业进行的销售、采购、供应链管理、合作等业务活动。B端客户主要是企业、政府机构、非营利组织等组织机构。

[2] C端(Business to Consumer)是指企业面向消费者的商业活动,即企业向消费者销售产品和服务的业务活动。C端客户是普通消费者。

数超过 2500 个。集团在销售策略上施行先 B 后 C，BC 兼顾，渠道发展也经历了由餐饮渠道向家庭化消费的转移。在 B 端，公司采用针对性定制模式，满足差异化需求；在家庭消费等零售端，则重点突出便捷性和新鲜度。

② 神户物产　神户物产 1985 年诞生于兵库县，主要以连锁超市的形式售卖速冻食品和半成品等，超市多由加盟商运营，采用特许经营模式。目前公司门店已超过 1000 家。

公司以门店布局为核心，不断向上下游延伸，自主掌握从原料供应、产品加工以及终端销售环节，同时，搭建自有冷链物流体系，有效地控制供应链成本。公司拥有丰富的自营品牌产品，据公司官网显示，目前其产品品类数目超 5300 个，进口产品超过 1400 个，来自全球多个国家和地区，产品矩阵丰富，创新打造了德国香肠、水羊羹、塔皮奥卡等产品组合，主要都在其业务超市销售，不断满足市场精细化的需求。

1.3.2　国内预制菜发展历程

我国预制菜起步于 20 世纪 90 年代的净菜配送，2000 年后，国内一些企业在净菜的基础上对原材料进行进一步的加工，深加工水平逐步提高，部分餐饮企业开始推出自有品牌的预制菜。2014 年前后，外卖行业兴起，合理控制生产成本，高效率配送成为提升外卖商家竞争力的重要因素，这一阶段预制菜在 B 端快餐店及餐饮企业中的需求量大幅增加，同时也逐渐开始受到 C 端消费者的青睐。2020 年疫情突发，普通消费者对于具备方便快捷属性的预制菜的需求大幅增加，C 端消费迎来了爆发期，行业规模迅速增长。

目前，国内预制菜发展还处在蓝海阶段，规模企业少，品牌效应弱。一方面，我国预制菜渗透率与美国、日本相比仍有差距，还有较大的推广和提升空间。另一方面，当前预制菜行业参与者众多，但规模小，行业集中度较低。我国地大物博，不同地域菜系众多，口味及产品都呈现多元化趋势，标准化难度大，同时产能布局及冷链运输的覆盖有限也制约了企业的规模化发展，还未培育出全国性的预制菜龙头企业引领行业发展。

1.4　全国各地推动预制菜发展现状和举措

1.4.1　广东省

广东是农业大省，2021 年全省实现农林牧渔业产值 8369 亿元，水果、蔬菜、茶叶等特色农作物播种面积占比超过 50%，品类众多、分布广泛；其中水产品总产量稳居全国首位，预制菜原料来源丰富。广东也是餐饮大省，粤菜隶属中国八大菜系，历史悠久，且拥有包含广府菜、潮州菜和客家菜三大流派在内的美食文化资源。多年来，粤菜以其特有的菜式及风味闻名国内外，消费市场口碑基础良好。粤菜品类众多，但"好吃难做"，差异化发展优势明显。广东还拥有以生活节奏快、新事物接受度高、人群消费力强为鲜明特点的粤港澳大湾区这一"世界级消费市场"，并通过深入实施《区域全面经济伙伴关系协定》（RCEP），为广东省预制菜企业及产品开拓了多个国家的海外增量市场，实现了与海内外消费端的有效连接，预制菜产业发展条件可谓得天独厚。

2022年3月，广东印发了《加快推进广东预制菜产业高质量发展十条措施》，涉及技术研发、质量监管、产业人才、品牌营销、金融保险等十个方面。同时，建立了由省领导担任总召集人，省农业农村厅主要负责同志担任召集人，纳入了省委宣传部、网信办、省发展改革委、教育厅、科技厅等29个成员单位的联席会议制度，按照省委、省政府工作部署，统筹谋划全省预制菜产业发展布局和规划。

广东还将预制菜纳入全省现代农业与食品战略性支柱产业集群行动计划范畴，并谋划在全省各地打造一批极具影响力的集群高地。预制菜产业也已被纳入2021~2023年第二轮省级现代农业产业园的主导产业予以重点培育。2022年，广东省共立项11个预制菜省级现代农业产业园，集群化发展趋势进一步显现。

此外，不断借助科研力量赋能创新发展。一是建平台。广东省成立了全国首个省级预制菜产业联合研究院，由广东省农业科学院蚕业与农产品加工研究所牵头，联合11家高校、科研单位和41家行业龙头企业及2家协会发起组建，并成立了湛江分院、高要分院、顺德分院等7家分院。二是攻技术。广东目前已发布包括"不同人群专用营养配餐/代餐食品精准设计与加工关键技术""粤式特色风味水产品预制菜加工关键技术""预制菜新型速冻及品质保真技术""高品质鲜切调理菜绿色加工保鲜技术"等在内的18项关键技术。三是定标准。制定并发布了涵盖预制菜的定义、分类、质量标准、技术规程等方面的7项团体标准。

广东还十分重视市场主体培育，积极打通供需对接渠道。一是培育头部企业。广东推出了国联水产、恒兴集团、雪印集团等十大头部企业，打响了一批预制菜品牌，切实发挥了市场主体的带动作用，引领产业升级。二是推动供需对接。广东积极将预制菜企业及产品引入各类渠道，如开设"预制菜大卖场"平台，联合盒马、京东等平台设立广东预制菜专区，开展元旦、春节"双节"专场营销活动，将预制菜引进学校、工厂、医院、军队等，实现多渠道布局。三是推动广东预制菜走向世界，依托海关，大力增强预制菜生产企业原料全球采购能力，帮扶本省预制菜产品便利通关，提升广东预制菜国际市场竞争力。目前，广东预制菜已出口新西兰、马来西亚、新加坡、澳大利亚等多个国家。

为了更好地支撑产业发展，全省上下不断整合资源，筑牢产业发展"金融后盾"。一是设立产业基金。集合国资与民资双重支持，由恒建控股和粤民投联合组建了母基金规模为50亿元，子基金群规模为100亿元的首个省级预制菜产业投资基金，将围绕预制菜生产加工、仓储流通及装备生产等产业链重点领域开展投资布局。二是创新金融产品和服务，引导相关金融机构为预制菜上下游企业提供一揽子定制产品及服务，发挥强大支持作用，带动引领更多社会资本投入预制菜产业。三是强化保险保障，鼓励有关保险机构推出一批覆盖预制菜产业全流程的定制保险，包含产品质量安全、企业品牌、问题产品召回、货运保障、产品溯源等方面。

1.4.2 山东省

2020年山东成为全国首个农业总产值过万亿的省份，也是农产品加工大省。2021年山东粮食总产量突破1100亿斤❶，连续8年总产量稳定在千亿斤以上，蔬菜总产量8801.1万吨，农林牧渔业总产值达到11468亿元。山东也是食品大省，产业发展基础良好，2021年全省食品工业规模以上企业3742家，营业收入达到10572亿元，占全省工业的10.34%，稳居全国首位。

农业的良好发展给鲁菜的起源提供了坚实的原料基础。山东菜系也叫鲁菜，是中国"八大菜系之首"。主要分为三大流派，一是胶东菜，二是孔府菜，三是济南菜，有相当多适合开发成预制菜的特色菜品，鲁味正巧借预制菜风潮扩散至全国各地。

目前，预制菜产业发展在山东已呈现"多点开花"的竞相迸发态势。潍坊、烟台、临沂、德州、青岛、淄博、威海等山东预制菜产业"雁阵型"产业集群已现雏形。

据统计，2022年山东预制菜相关企业超9000家，居全国首位。在A股的预制菜板块，山东共有7家上市企业，数量也为全国最多，总市值超过300亿，分别为烟台的春雪食品、龙大美食、双塔食品、东方海洋，潍坊的得利斯、惠发食品以及威海的好当家。

为了使预制菜产业快速成势，山东从省级到各地级市都出台了众多支持、规范政策，这也给了当地预制菜产业发展足够的底气。

2022年11月21日，山东省政府办公厅印发《关于推进全省预制菜产业

---

❶ 1斤＝500克。

高质量发展的意见》(以下简称《意见》),围绕建强全产业链、拓展多维市场、构建标准体系、提升创新能力、强化支持保障等方面提出16条具体措施,推动、引导预制菜产业健康有序、高质量发展。《意见》明确到2025年,全省预制菜加工能力进一步提升、标准化水平明显提高、核心竞争力显著增强、品牌效应更加凸显,预制菜市场主体数量突破1万家、全产业链产值超过1万亿元。

这是继广东之后,全国第二个从省级层面出台发展意见的省份,开启了山东预制菜产业高质量发展的新局面。同时,山东省各地级市也相继出台了相应措施支持产业发展,如潍坊出台了《潍坊市预制菜产业高质量发展三年行动计划(2022—2024)》《潍坊市支持预制菜产业高质量发展九条政策措施》,将打造"中华预制菜产业第一城";德州出台了《关于加快推进预制菜产业发展的若干措施》;淄博出台了《淄博市预制食品产业发展规划》;日照出台了《日照市支持预制菜产业发展八条政策措施》等。

2022年2月山东省成立了预制菜产业联盟,是全国首个省级预制菜组织。联盟由齐鲁工业大学、省农业科学院家禽研究所、省农业科学院畜牧兽医研究所、山东健康肉产业联合会等共同发起,聚集省内多家农牧渔业、食品加工业、物流配送业等有关企事业单位。

2022年4月,在中国(潍坊)预制菜产业发展大会上,招垦资本(北京)有限公司与潍坊市金控集团签约,由国家级、省级和潍坊市三级基金共同出资10亿元,设立预制菜产业基金,基金将重点投向预制菜生产、精深加工、设备制造、储运等领域。同年6月,淄博市也发布了"淄博市20亿预制菜创新产业发展基金""中垦淄博冷链物流30亿基金"。

1.4.3 福建省

在大数据研究与测评机构NCBD(餐宝典)发布的《中国预制菜产业指数省份排行榜》中,福建预制菜产业发展水平一直位于全国前列。福建具备充足的农产品原料、源远流长的饮食文化、海内外的闽菜市场和强大消费能力等优势,预制食品加工能力强、冷链物流行业发达,为打造特色预制菜品牌提供了坚实基础。福建拥有安井、圣农、海欣食品、海文铭、古龙、银翔、鲍之源等一批预制菜头部企业。代表性闽菜"佛跳墙"、福建名小吃"沙县拌面"等已以预包装形式热销于市场。

2022年11月10日,福建省商务厅等9部门联合印发了《加快推进预制菜产业高质量发展的措施》(以下简称《措施》),《措施》共21条,提出到2025年,建设30个现代农业产业园、20个优势特色产业集群。

在全省整体布局上注重区域差异化，充分发挥福建海洋经济优势，在福州马尾、连江、福清、平潭，漳州东山、诏安，宁德蕉城、霞浦、福鼎，莆田涵江等地发展以水产品为重点的预制菜产业基地；发挥福建省食品加工业的产业链优势，在厦门同安、南平光泽、泉州晋江、漳州台商投资区、龙岩新罗及长汀产业园等地发展以肉产品为重点的预制菜产业基地；充分发挥福建省森林资源大省优势，在莆田、漳州、南平、三明、龙岩建立发展以蔬果净菜为重点的预制菜产业基地。

同时，福建还将致力培育多个预制菜产业园区，以同安食品工业园区为依托，规划建设厦门预制菜产业创新园；扶持福州元洪投资区中科经纬预制菜产研城建设，打造福建省内首家预制菜产业园和中印尼"两国双园"预制菜产业示范园区；支持马尾供销预制菜供应链产业园建设；支持福清元洪投资区保罗（元洪）国际大健康食品产业园建设，打造预制菜生产加工基地；支持利嘉国际食材产业园打造预制菜产业博览园；支持正祥海峡国际农产品物流园建设；推进沙县小吃产业发展，支持建设沙县区预制菜产业园；以建瓯为核心打造中国笋食品产业园区。鼓励建设标准化预制菜种植基地、养殖基地，发挥规模效应。培育一批全国知名、特色鲜明的预制菜品牌，形成预制菜产业高地，充分带动周边预制菜加工产业带发展。

地市方面，拥有福建省最大食品产业基地的厦门市同安区印发了《加快推进同安区预制菜产业高质量发展若干措施》，并组建了预制菜产业联合会，着力打造东南预制菜产业发展示范区；泉州市出台了《泉州市食品饮料产业高质量发展实施方案（2022—2025）》，文件要求围绕规划建设专业园区、着力培育龙头企业、完善产业配套、培引装备企业等方面，打造涵盖一产农产品生产交易，二产净菜、预制菜生产和三产物流、电商交易等环节的预制菜全产业链。

1.4.4 河南省

河南位于中原腹地，是中国古往今来的产粮大省。谚语有云："中原熟，天下足。"2021年全年河南全省粮食种植面积达10772.3公顷，总产量6544.2万吨，其中小麦的总产量达到3802.8万吨，居全国首位。同时，河南畜牧资源也较为丰富，2021年全年猪牛羊禽肉总产量641.2万吨，其中生猪出栏5802.8万头，外调生猪量位居全国第一，扎实的食品原料基础为预制菜等食品加工业的发展提供了原始积累。

河南很早就开始发力打造食品产业集群，通过培育龙头企业示范引领，打造城市名片吸引相关产业在当地聚集，产生集群效应。目前，河南已形成了五大特色食品产业集群，分别是以三全、思念为引领的速冻食品及冷链产业集群，以牧原、双汇为代表的肉类生产与加工集群，以白象、想念为代表的面及面制品产业集群，以南街村调味料为代表的调味品生产加工集群，以临颍黄龙、漯河卫龙为代表的休闲食品加工集群。

做强做优做大预制菜产业，如今已经成为河南绿色食品业优势再造和换道领跑的重大机遇和重要抓手。河南全省多地正大举加码预制菜赛道，据相关统计，河南省现存预制菜相关企业6000多家，企业数量排名全国第二。

2022年10月，河南省政府办公厅印发《河南省加快预制菜产业发展行动方案（2022—2025年）》，明确从建立预制菜产业标准体系、提高预制菜产业创新能力、提升预制菜产业群链发展水平、提升预制菜产业数字化水平、完善预制菜品牌营销体系、加强预制菜产品质量安全监管六个方面加快推动预制菜产业高质量发展。规划到2025年，全省规模以上预制菜企业超过200家，预制菜企业主营业务收入突破1000亿元，建成全国重要的预制菜生产基地、全国有影响力的预制菜生产大省，培育食品工业高质量发展新增长极。

河南将以漯河、郑州、南阳、新乡、信阳、商丘、许昌、鹤壁、周口、安阳市等为重点，培育建设一批预制菜研发生产基地。加快打造漯河双汇第三产业园、鹿邑澄明食品工业园、原阳食品产业园、新郑冠超食品科技园等重点园区。同时，将加快土豆牛肉、鱼香肉丝、红烧肉、藤椒鸡、火锅毛肚等重点品类和宴席套餐、家宴套餐、青年套餐、学生套餐等套餐产品的研发推广。

除省级层面外，河南各地也纷纷出台政策支持预制菜发展。其中濮阳市拟投资13亿元建设预制菜全链产业园；原阳制定支持预制菜产业发展的"金九条"，集中力量在资金奖励、技术创新、人才引进等方面支持产业发展；南阳拟设立100亿规模产业母基金，下设预制菜专业子基金为当地预制菜产业发展助力，旨在支持形成"主导性产业＋主导性园区＋主导性基金"的预制菜产业发展模式；新乡原阳县依托科研机构、产业链相关企业成立了河南预制菜产业联盟。

1.4.5 河北省

河北省位于华北地区腹心地带，地处京津外围的河北具有农业大省的稳固地位，国家和河北重大决策部署为农业强省建设带来新的政策机遇，而京津冀协同发展则提供了重大市场机遇。

在预制菜产业发展战略布局方面，河北省提出在京津周边、雄安新区周边、省会周边等区域，集中布局一批服务京津、雄安新区和大中城市的预制菜项目和示范企业。

河北保定具有扎实的农业资源禀赋，是冀中南家常菜的发源地，孕育出了冀菜三大流派之一的保定菜，饮食文化别具一格。背靠京津4000万人高端消费市场，发展预制菜产业市场潜力巨大，发展前景广阔。

2022年3月，保定成立了全省第一家预制菜产业联盟，6月，保定首个中央厨房预制菜产业园——高碑店市首衡预制菜加工产业园揭牌。园区拥有环京津1小时鲜活农产品物流圈的区位交通优势，是北京预制菜的供应"大后方"。依托首衡集团旗下河北新发地农副产品物流园的资源优势，园区着力构建融合"食品研发、预制菜加工、中央厨房、集配中心、电商直播、检验检测"六位功能于一体的现代化预制菜产业集聚区。同时，园区还和广东预制菜产业全面合作，打响了京津冀预制菜创新发展第一枪，全面推动"粤品进冀，冀品入粤"，助推广东优质农产品走进京津冀、保定优质农产品走进大湾区，实现粤冀两省农业创新突破、跨越发展。

2022年8月，保定发布了《保定市加快推进中央厨房预制菜产业高质量发展八条措施》，在研发创新、扶持龙头企业、打造特色品牌、加大财政金融支持等八个方面，靶向支持预制菜产业链条化发展。同月，出台《保定市农产品加工业发展规划（2022—2025）》，聚焦打造"中国北方预制菜产业第一城"，积极推进3大品类、6大园区、100个企业、100个菜品、100亿产值的建设目标。

省级层面，为支持全省预制菜产业发展，由河北省乡村振兴促进会、河北省农产品品牌协会、河北省特色产业协会、河北省食品工业协会、河北省调味品协会、河北省饭店烹饪餐饮行业协会六家协会共同发起成立了河北省预制菜产业联合工作委员会，搭建起了政府指导、商协会牵头、企业联动、资源共享的产业发展公益性平台。通过整合预制菜发展资源，为预制菜产业链赋能，为"链主"企业赋能。

1.4.6　长江三角洲地区

长三角地区江苏、浙江、安徽等地的预制菜产业发展水平均排在全国前列，目前已形成规模性预制菜发展市场和产业优势。

（1）江苏省

淮安市是"中国淮扬菜之乡""中国食品名城"，是淮扬菜的主要发源地、传承地之一。现存淮扬菜经典名菜名点1300余种，298道菜点烹饪技术入选省级非遗名录。淮安还集聚了规模以上食品企业近200家（2022年），形成从"田头"到"筷头"的全产业链条，食品产业产值数年前已突破千亿元大关。

近年来，淮安大力发展预制菜产业，迎上了产业发展的风口期，总投资70亿元的益海嘉里预制菜项目正在开工建设，总投资20亿元的利群集团预制菜中央厨房工程已经投入生产，百斯特、苏食等大型在淮食品企业也在政府引导下全面转型发展预制菜产业。

目前，淮安正加快推动预制菜产业全链条发展，打造"千秋淮扬"淮安预制菜区域公用品牌，引领农业、食品制造、餐饮消费等提档升级，促进一、二、三产业融合发展，提升淮安预制菜的知名度和影响力，促进淮安预制菜产业高质量发展。

（2）浙江省

温州预制菜产业发展做法已成为了全省学习借鉴的对象。温州依山傍海，山肴野蔌，海味河珍，无一不有。温州菜又名瓯菜，与杭州菜、宁波菜、绍兴菜并称浙江四大菜系。千年商港的历史文化，让温州的预制菜有了更多的想象空间。2022年8月，温州出台的《温州市预制菜产业高质量发展三年行动计划（2022—2024）》提出"一城十链百企千亿"的目标定位，即"通过3～5年努力，建成东南沿海预制菜名城，打造10条温州特色的预制菜全产业链，培育示范性规上企业100家、预制菜名品100个，预制菜全产业链总产值达到1000亿元"。同时，温州制定出台的《关于加快推动预制菜产业高质量发展的若干政策意见》从支持开拓市场赛道、支持企业转型升级、支持科研技术攻关、支持产业平台集聚、强化多元投融服务等十个方面有效支持产业发展，如对预制菜企业实施智能化改造进行奖补，建立温州预制菜产业研究院，实施"十强百品"培育推广行动，推出"预制温州味、瓯菜天下鲜"系列宣传活动，建设预制菜展销体验中心等；另外温州市建立了由分管副市长为链长的产业链工作专班，整合食品加工、农业生产、餐饮酒店、包装机械、营销平台、冷链物流、金融保险、科研院所等资源，统筹推进预制菜全产业链发展，并着力培育鹿城、瓯海、瑞安、文成等预制菜产业园区等。

2022年11月，浙江省杭州市人民政府就《关于加快推进杭帮菜研发和预制菜产业高质量发展的若干政策意见》向社会公开征求意见，提出了"支持预制菜企业做强做大、培育全产业链预制菜示范企业、支持技术创新和产品研发、加强中国杭帮菜和杭州预制菜品牌认证、支持产业人才引育、打造中国杭帮菜和杭州预制菜品牌、支持预制菜企业拓展销售渠道、支持仓储冷链物流建设、支持高标准建设优质原材料基地、鼓励建设预制菜产业园区、加大金融支持力度"十一条政策加快推进杭帮菜研发和预制菜产业高质量发展。

(3) 安徽省

目前安徽省有近1/4的农业产业化省级重点龙头企业涉足预制菜产业，省内知名预制菜企业有同庆楼、老乡鸡、富煌三珍等，与预制菜相关的产品还有紫燕百味鸡、符离集烧鸡、王仁和米线、同福碗粥、沿淮小龙虾、淮南牛肉粉丝、吴山贡鹅、铜陵白姜、八公山豆制品、五城茶干等。

安徽省预制菜产业尚处于起步阶段，但很快将进入快速发展期。后续将加快制定规划，建立行业标准推广预制菜；以现有农产品生产加工供应基地为基础，依托长三角绿色农产品生产加工供应基地的创建，加快建立标准化的原料基地和集中配送中心；此外，安徽省还将建立食品研究院等研发平台，依托现代农业产业园、食品工业园区等平台加强预制菜基础研究。

2022年11月，由沪苏浙皖一市三省消保委、餐饮行业协会等起草的《长三角预制菜点质量及服务评价规范》发布，规范从原材料、加工、包装、标签标识、还原度等多方面对预制菜产品提出了明确要求，于2022年12月开始实施。接下来，长三角消保委联盟将继续引导鼓励更多企业加入团体标准，建立食品安全事故应急处置预案，自觉接受广大消费者的监督。

1.5 国内预制菜企业类型

1.5.1 农牧水产企业

传统的农牧水产行业本身具备较强的周期性，向下游具有高附加值的消费端进行产业链延伸是必然趋势。这类企业对上游原材料更为熟悉，能够有效控制原料品质，占据成本优势，且规模化生产优势大，既能够作为下游预制菜肴生产企业及餐饮企业的原料供应方，也能够依托自有基础，搭建相应的预制菜初加工及深加工板块，布局C端市场，灵活实现上游种植养殖到品牌产品营销的转型升级。

1.5.1.1 福建圣农控股集团有限公司（圣农集团）

圣农集团创始于1983年，总部位于福建省南平市光泽县，是集自主育种、孵化、饲料加工、种肉鸡养殖、肉鸡加工、食品深加工、余料转化、产品销售、冷链物流于一体，横跨农牧产业、食品、冷链物流、投资、能源/环保、配套产业、兽药疫苗七大产业的全封闭白羽肉鸡全产业链集团。"圣农"牌冻鸡标准综合体系被作为福建省肉鸡饲养加工行业统一示范标准。"圣农"商标是福建省著名商标，"圣农"牌冻鸡是福建名牌产品。

圣农凭借大规模自养自宰模式下生产标准化高、鸡肉品质好、供货能力稳定、反应能力强等显著特点，已成为百胜中国餐饮集团（肯德基、必胜客品牌拥有者）鸡肉产品策略合作伙伴，麦当劳亚太区肉类专门采购商铭基和福喜的策略合作伙伴。2008年，圣农被指定为北京第29届奥运会期间核心区（奥运村区域）鸡肉原料供应商。

公司从美国、德国、荷兰、日本等国引进了世界最先进的熟食产品生产设备及工艺技术，利用国际现代化熟食加工生产线，先进的化验、检验设备及技术，引进各类专业人才，利用圣农集团独特的完整产业链优势，专业生产并销售各种烧烤类、串类、香肠类、火腿类等肉类食品近二百个品种，公司预制菜系列包含中式及西式预制菜，尤其是西式预制菜品类更为丰富，包括脆皮炸鸡、炸翅、烤鸡等西式半成品。目前，销售渠道涉及KA商超（即连锁商场、超市）、餐厅、酒店、学校、企业、农贸批发市场等。

1.5.1.2 河南双汇投资发展股份有限公司（双汇集团）

双汇集团是中国最大的肉类加工基地，农业产业化国家重点龙头企业，总部位于中国河南省漯河市。在全国18个省（区、市）建有30个现代化的肉类加工基地和配套产业，形成了饲料、养殖、屠宰、肉制品加工、调味品生产、新材料包装、冷链物流等完善的产业链，年产销肉类产品近400万吨，拥有100多万个销售终端，每天有1万多吨产品销往全国各地。

2021年1月，双汇成立餐饮事业部，集食材研发、食材生产、食材销售、门店运营、售后服务于一体，品类覆盖肉、蛋、奶、菜、粮等多个领域。

2022年2月，双汇第三工业园在漯河签约，成为其预制菜战略实施落地的标志性事件，双汇第三工业园项目，以中央厨房、预制菜肴、面制品、餐饮食材等新兴餐饮产业为主，采用全流程自动化、智能化、信息化生产线。

目前，预制菜是公司着重发力的业务板块，2023年以来公司加快产品研发、丰富产品品类，相继推出了蒜香排骨、蚝油牛肉等半成品菜，佛跳墙、小米海参、梅菜扣肉等成品菜肴，啵啵袋、招牌面、意面、拌面等方便速食产品。下一步，双汇将围绕"八大菜系＋豫菜"，对接消费、研发新品，开发不同区域的预制菜主导产品，满足不同区域消费者的需求。

1.5.2 传统速冻食品企业

随着预制菜赛道的逐渐火热，大量的传统速冻食品企业纷纷朝着预制菜产业升级转型，全力抢抓新风口。传统速冻食品企业主打的就是标准化的半成品，如速冻中式点心、速冻火锅类、速冻调理生制品、速冻油炸制品等，且在市场销售方面具有规模化优势、渠道分销能力优势和品牌优势，故这类企业转型预制菜业务具有天然基础优势，但也易受成本波动影响，且需要不断增强研发投入，以满足市场个性化需求，打造新的业务增长点。

1.5.2.1 安井食品集团股份有限公司

安井食品集团股份有限公司成立于2001年12月，主要从事速冻火锅料制品、速冻面米制品和速冻菜肴制品等速冻食品的研发、生产和销售。公司已在国内布局厦门安井、无锡安井、泰州安井、辽宁安井、四川安井、湖北安井、河南安井、广东安井、山东安井及洪湖安井，共计10大生产基地，另有新宏业、冻品先生、安井小厨、新柳伍、鞍山安润、湖北安润及英国功夫食品等控股或参股子公司，事业版图不断壮大。

经过二十多年的发展，公司现已成长为国内速冻食品行业龙头企业，并先后荣获了"国家级企业技术中心""CNAS国家实验室证书"以及"全国主食加工业示范企业""国家冷冻调理水产品加工技术研发专业中心""国家鱼糜及鱼糜制品加工技术研发中心联合单位""农业产业化国家重点龙头企业""福建省海洋产业龙头企业"等多项荣誉。截至2022年12月31日，公司拥有全部有效专利314项，其中发明专利68项，主持或参与了包括《速冻食品术语》《冷冻鱼糜》等国际标准和国家标准在内的90余项标准的制修订工作。

公司也持续注重营销渠道的建设，辐射全国的营销网络包含10个分公司和30余个联络处。营销网络涉及经销商和大型商超近600多个，包括沃尔玛、永辉、大润发、苏果、新华都、天虹商场、欧尚、家乐福、麦德龙等著名连锁超市，以及呷哺呷哺、海底捞等特通餐饮客户及良品铺子等休闲食品客户，形成了辐射全国的营销网络。

1.5.2.2 三全食品股份有限公司

三全食品股份有限公司成立于1992年，于2008年在深交所上市，是农业产业化国家重点龙头企业。公司是国内首家速冻米面食品企业，亦是中国生产速冻食品最早、规模最大、市场网络最广的企业之一。公司拥有"三全"和"龙凤"两大知名品牌，在郑州、广州、成都、天津、苏州、武汉等地建有基地公司，设计年产能75万吨，建有智能化立体冷库2座。三全品牌连续多年入围"BRANDZ最具价值中国品牌100强"的速冻食品企业。

公司的产品开发主要集中在三个方向：一是品类创新，进行外延的扩张，如创新推出的牛排系列、手抓饼系列、肉卷系列等新产品；二是细化现有种类，在现有品类的基础上深度开发新的细分市场，推出了甜品汤圆、儿童水饺系列，新品的推出取得了良好的市场效果和经济效益；三是产品线延伸，公司加强了向餐饮业的拓展，在充分挖掘和升级原有产品的基础上，重点开发了餐饮系列产品 30 余种，与肯德基合作，共同开发的"大饼卷万物"，成为肯德基早餐的主力产品。此外，还为国内火锅行业品牌海底捞全国 400 余家门店供应茴香小油条、点心系列、舞面等产品。三全餐饮与快捷酒店巨头汉庭、全季等酒店品牌采用全国合作、区域经销商配合的模式，全面供应包子、油条产品。三全在餐饮领域进一步打开了新的市场空间，综合竞争实力进一步提升。

1.5.3 预制菜肴生产企业

专业预制菜肴生产企业预制菜品研发能力强，具备大单品研发能力，产品种类较为丰富且成熟，能够满足消费者的个性化需求。这类企业通常具备自有的成熟销售网络渠道，与 B 端客户合作紧密，亦能够满足 C 端的爆品打造需求。但易受上游原材料成本影响，且多为区域性品牌，规模化生产企业数量较少。

1.5.3.1 苏州市味知香食品股份有限公司

公司成立于 2008 年 12 月，是半成品菜行业内知名企业之一。味知香专注于半成品菜的研发、生产、销售，为消费者提供健康绿色、便捷美味的半成品菜肴。多年来，公司先后被授予"2016 年度江苏省食品行业优秀品牌企业""2014～2017 江苏省著名商标"，2017 年，公司被农业部（现为农业农村部）授予"全国主食加工业示范企业"称号，在市场上树立了良好的口碑。

味知香致力于开创中国半成品菜行业第一品牌，始终将"创新研发"作为秉承传统和未来发展的重要基石。特聘营养策略师，贴合中国家庭不同口味需求研发菜品。公司拥有 8 大产品线（招牌菜系列、家常菜系列、轻炸小食、儿童餐系列、汤煲系列、早餐系列、火锅系列、搜香寻味），300 种以上的产品，能够解决家庭早餐、中餐、晚餐、聚会等场景的不同用餐需求。公司战略供应伙伴包括中粮、龙大、六和集团、金锣、李锦记、味好美、雀巢、联合利华等。

味知香自成立以来，积极拓展线下销售渠道，采取经销和加盟两种授权方式。同时，除了线下加盟门店和商超外，味知香也在线上开设了天猫旗舰店、京东旗舰店等，以线上客户需求和趋势导向，通过研发，开发新材料、新配方、新工艺、新产品；改良老产品，让产品最大程度地满足线上客户需求。

1.5.3.2 苏州市好得睐食品科技有限责任公司

苏州市好得睐食品科技有限责任公司始创于 1999 年，坐落于苏州吴中经济开发区，拥有占地 20000m² 的专业食品生产厂房，销售网络覆盖长三角地区 20 多个城市，拥有 1000 多家加盟门店。

好得睐秉承中华美食的悠久历史文化底蕴，并以现代中央厨房的管理模式运作，特聘美食专家、烹饪大师、星级厨师、营养师研发团队，选用优质原材料及专业调料研制和开发预制菜。公司还联合江南大学成立食品研究院，进行产品的研发创新，与时俱进。

公司现开发有水产类、牛肉类、猪肉类、家禽类、煲汤类、火锅类六大系列百余种产品。好得睐品牌在 2005 年就成为上海市政府标准化菜市场改建半成品类推荐品牌，2006 年被评为"苏州市知名品牌"，2007 年、2008 年连续荣获上海食用农产品"十大优质畅销品牌"称号，2008 年被认定为"苏州市名牌产品"及"苏州市知名商标"，2013 年好得睐半成品方便菜被评为年度上海名优食品，同年还被评为 2013 年上海食用农产品十大畅销品牌。公司还是上海市肉类协会会员单位及品牌推荐单位。公司现为众多大型企事业单位食堂原料供应商，专卖店遍及苏、浙、沪十多个大中型城市。

1.5.4 餐饮企业

预制菜行业下游最大的需求多来自餐饮行业，连锁餐饮店、小吃快餐店、团餐配送企业等是预制菜应用的主要场景。餐饮企业大多深耕行业多年，与消费者联系最为紧密，其拥有众多的专业厨师资源，具备丰富的菜品研发经验，菜肴烹饪具备专业性，口味品质更受消费者信赖，出品自带品牌效应。但门店销售规模有限，渠道亟待扩展，且餐饮企业处于产业链中下游，供应链管理标准化程度通常较低，易受上游原材料及中间环节的影响。

1.5.4.1 广州酒家集团股份有限公司

广州酒家，中华老字号，始创于 1935 年。广州酒家于 1992 年组建集团；2009 年改制为广州酒家集团股份有限公司；2017 年 6 月在上海证券交易所挂牌上市，成为广东省率先上市的饮食集团。近年来，集团及下属企业先后荣获中国十大餐饮品牌企业、中国驰名商标、中国老字号新榜样等荣誉。

广州酒家集团主营业务包括餐饮服务和食品制造，坚持"餐饮强品牌、食品创规模"的发展方向，拥有"广州酒家""陶陶居""利口福""天极品""秋之风""粮丰园""星樾城"等餐饮与食品品牌，在广州、茂名、湘潭、梅州等地设有食品生产基地，形成跨区域联动发展格局，推动市场进一步向粤东、粤西、华中以及华东等地区辐射延伸，产品畅销海内外。

集团旗下利口福食品公司作为华南地区大型的综合食品加工基地，已构建完善现代化研发体系和质量管理体系，食品安全生产达到国际先进水平，并成为多项国家技术标准的制定者和参与者，先后被认定为高新技术企业、广东省重点农业龙头企业。广州酒家利口福品牌产品覆盖中秋月饼、速冻点心、广式腊味、莲蓉馅料、西饼面包、预制菜肴、休闲食品、端午粽子等八大系列。其中，中秋月饼作为"正宗广式月饼"的代表位居行业领导地位。集团建立了线上线下全渠道销售体系，拥有超200家利口福食品连锁门店，在全国多地铺设经销渠道，线上运营覆盖官方商城、天猫、京东、抖音等平台。

集团现有餐饮自营门店超30家，多家餐饮门店被授予"国家五钻级酒家"称号，广州酒家文昌店获评米其林餐盘奖、广州酒家临江大道店获评黑珍珠餐厅指南一钻。作为广东省非遗代表性项目"粤菜烹饪技艺"及"广府饮茶习俗"的保护单位，广州酒家至今培育了七代粤菜烹饪技艺传承人及逾千名的粤菜名师工匠。近年来，集团纵深实施"粤菜师傅"工程取得积极成效，天极品越华店被授予"广东省粤菜师傅大师工作室""广州市粤菜师傅培训室"称号。

近年来，广州酒家不断加快预制菜系列产品研发，目前以自有品牌速冻盆菜系列、速冻粤式菜肴系列，常温广式熟食系列等产品为主。

1.5.4.2 海底捞国际控股有限公司

海底捞品牌创建于1994年，历经二十多年的发展，海底捞国际控股有限公司已经成长为国际知名的餐饮企业。

截至2022年12月，中国大陆地区共有1349家海底捞餐厅，港澳台地区共有22家。

海底捞现有七个大型现代化物流配送基地、一个底料生产基地。七个大型物流配送基地分别设立在北京、上海、西安、郑州、成都、武汉和东莞，以"采购规模化、生产机械化、仓储标准化、配送现代化"为宗旨形成了集采购、加工、仓储、配送为一体的大型物流供应体系，位于郑州的底料、调料生产基地具有出口企业备案资质。

海底捞多年来历经市场和顾客的检验，成功打造出信誉度高、融汇各地火锅特色于一体的优质火锅品牌。2022年7月，海底捞成立全新业务模块"海底捞社区营运事业部"。该业务模块通过对海底捞内外部资源的整合，形成"外卖＋社群＋直播＋线上商城"的社区营运模式，围绕外卖业务、快餐业务和预制菜业务等核心业务展开探索。海底捞外送和捞派小厨满足的是顾客及时性的需求，而预制菜满足的是消费者次日达囤货的需求，为家庭计划性消费打下坚实的基础，目前，小酥肉、炸鲜奶、奶酪以及番茄锅等产品已经成为了海底捞预制菜中的爆款产品。

1.5.5 零售企业

对于各类生鲜、零售渠道企业来说，完整的供应链是其优势所在，其更直接地面向 C 端消费者需求，零售门店中集合了原料采购、制作、售卖等环节，开发短保预制菜成为零售企业进军预制菜行业的有效的切入点。零售企业能合理规划进货量，调整其他各板块间的货物流转，降低整体损耗，灵活性极强。但零售企业缺少自主研发体系，自有品牌产品除鲜食预制菜外多为代加工产品，安全监管相对较弱。

下面以盒马网络科技有限公司为例简要介绍一下当前比较有代表性的零售企业。

盒马鲜生是阿里巴巴集团旗下以数据和技术驱动的新零售平台，旨在为消费者打造社区化的一站式新零售体验中心，用科技和人情味带给人们"鲜美生活"。

在预制菜赛道上，盒马一直以来都没有停下在"鲜食"预制菜领域探索的脚步，"鲜食"预制菜，指的是保质期在 4 天左右的 0~4℃冷藏的预制菜商品。2017 年，盒马率先布局成立盒马工坊，第一款产品就是手工现制的新鲜馄饨，这也是盒马尝试用"鲜制"的方式推进餐饮零售化的开始。2019 年，盒马工坊构建起了以面点、熟食、半成品和休闲四大类产品线为主的产品体系。2020 年，盒马对盒马工坊进行升级、推出盒马烘焙，加上餐饮，3R 部门（Ready to cook，Ready to heat，Ready to eat，即烹、即热、即食）从此正式成立。2021 年，工坊、烘焙和餐饮已经做到了 60 亿元的营业额。

盒马所坚持的商品体系建设是做好吃的菜、做难做的菜、做口味还原度高和冷鲜高品质短保质期的商品。目前，盒马已在全国构建 5 大枢纽中心、8 个供应链运营中心、百余个产地仓、销地仓，仓储面积超过 100 万平方米，有 110 条干线线路，形成了一套高效的仓网服务体系。2022 年 8 月，盒马位于成都、武汉的两大供应链运营中心率先投产，其中 3R 专属工厂也已启用。成都的工厂内，还设立了区域研发中心，进行地方特色预制菜的研发，并且引入了数字化解决方案。接下来，北京、上海、广州、西安的工厂也将陆续投产，形成辐射全国的短供应链网络。强大的供应链网络成为了支持盒马差异化布局，打造"鲜食"预制菜第一渠道品牌的底气。

参考文献

[1] 预制包装菜肴：T/CNFIA 115—2019 [S]．北京：中国食品工业协会，2019.

［2］ 预制菜：T/CCA 024—2022［S］.北京：中国烹饪协会，2022.

［3］ 预制菜术语、定义和分类：T/GDNB 99.2—2022［S］.广州：广东省农业标准化协会，2022.

［4］ 张玉荣.预制菜，乡村振兴的新产业大产业［J］.小康，2022（14）：18-23.

［5］ 袁帅.把预制菜标准化放在重要位置［J］.小康，2022（19）：54-56.

［6］ 姚金楠."能源安全"升至与"粮食安全"同等重要的战略高度［J］.人民周刊，2022，157（05）：59.

［7］ 李冬梅，张雪迪，毕景然，等.中式预制菜肴产业的传承与创新［J］.中国食品学报，2022，22（10）：1-8.

［8］ 曾繁莹.广东预制菜瞄准"好吃难做"［EB/OL］.（2022-04-24）［2022-05-01］.https：//m.gmw.cn/baijia/2022-04/24/1302614758.html.

［9］ 黎传熙."双循环"新格局下消费中心城市构建路径研究——以粤港澳大湾区协同层城市为视角［J］.湖北经济学院学报，2022，20（1）：28-38.

［10］ 陈文玲.粤港澳大湾区：打造世界级战略性创新高地［J］.开放导报，2022（3）：40-47，90.

［11］ 广东省人民政府办公厅关于印发《加快推进广东预制菜产业高质量发展十条措施》的通知［J］.广东省人民政府公报，2022（9）：7-11.

［12］ 广东省农业农村厅关于公布2022年省级现代农业产业园建设名单的通知［EB/OL］.（2022-06-02）［2022-06-05］.http：//dara.gd.gov.cn/nycyy/content/post_3942628.html.

［13］ 许俊仟.硬核！广东预制菜产业大会发布18项关键技术成果［EB/OL］.（2021-11-19）［2022-06-05］.http：//static.nfapp.southcn.com/content/202111/19/c5952884.html.

［14］ 方怡晖.广东拓宽预制菜品牌营销渠道［J］.小康，2022（14）：36-37.

［15］ 叶香玲，包睿，林晓岚，等.广东农业融入RCEP，几个关键问题备受关注［J］.农产品市场，2022（2）：14-17.

［16］ 王韵嘉，陈奇琦.双循环背景下农业金融服务体系的转型升级［J］.农业经济，2022（5）：107-109.

［17］ 山东预制菜"雁阵形"产业集群现雏形［EB/OL］.（2022-06-16）［2022-11-20］.http：//www.shandong.gov.cn/art/2022/6/16/art_97904_541536.html.

［18］ 颜世龙.山东抢占预制菜制高点 欲打造万亿元全产业链［N］.中国经营报，2022-12-12（B09）.

［19］ 福建省商务厅.《加快推进预制菜产业高质量发展的措施》政策解读［EB/OL］.（2022-11-14）［2022-11-25］.https：//swt.fujian.gov.cn/xxgk/jgzn/jgcs/fwyfzc/zcfg_464/202211/t20221114_6046271.htm.

［20］ 杨心亮，颜祥子，钟瑜.厦门同安：角力万亿市场培育预制菜产业集群［N］.中国商报，2023-01-04（005）.

［21］ 河南省统计局国家统计局河南调查总队.2021年河南省国民经济和社会发展统计公报［N］.河南日报，2022-03-12（007）.

［22］ 河南省人民政府办公厅关于印发河南省加快预制菜产业发展行动方案（2022—2025年）的通知［J］.河南省人民政府公报，2022，No.467（23）：13-16.

［23］ 保定市农业农村局.上连"菜篮子"下接"菜盘子"［EB/OL］.（2022-12-03）［2022-12-10］.http：//www.baoding.gov.cn/content-888888724-389833.html.

［24］ 澎湃江苏."世界美食之都"淮安发力预制菜产业［EB/OL］.（2022-11-12）［2022-12-11］.

https://m.thepaper.cn/baijiahao_20709348.

[25] 金朝丹.预制温州味新政再"添香"[N].温州日报,2022-08-02(002).

[26] 温州市农业农村局.温州预制菜产业发展工作做法被全省推广[EB/OL].(2022-08-31)[2022-12-11].http://nyncj.wenzhou.gov.cn/art/2022/8/31/art_1212886_58943710.html.

[27] 郭缤璐.鲜食预制菜能否延续赛道热度[N].北京商报,2022-11-18(010).

[28] 从全球预制菜的发展看中国预制菜冷链物流新机遇[J].物流技术与应用,2023,28(10):88-91.

[29] 安俊文,方梓鋆,高希西,等.我国预制菜产业的发展现状、影响因素及发展趋势[J/OL].(2024-03-01)[2023-04-17]食品与发酵工业.https://doi.org/10.13995/j.cnki.11-1802/ts.034935.

[30] 关于加强预制菜食品安全监管 促进产业高质量发展的通知[EB/OL].(2024-03-18)[2024-03-26].https://www.gov.cn/zhengce/zhengceku/202403/content_6940808.htm

第2章

预制菜加工链及发展趋势

2.1 按食品生产许可证审批的预制菜品类

按《中华人民共和国食品安全法》规定，国家对食品生产经营实行许可制度。从事食品生产、食品销售、餐饮服务，应当依法取得许可。国家实施食品生产许可证管理的食品共32类，预制食品主要包括以下类别。

2.1.1 肉制品

肉制品是指以畜禽肉为主要原料，经调味等加工处理而制得的熟肉制成品或半成品。按照《肉与肉制品术语》（GB/T 19480—2009）的国家标准，肉制品分为中式肉制品和西式肉制品两大类。其中中式肉制品按加工方法不同，分为腌腊肉制品、酱卤肉制品、熏烤肉制品、干肉制品、油炸肉制品、香肠制品和火腿制品等，包括火腿、腊肉、腊肠、熏肚、酱肉、熏鸡、烤鸭、板鸭、肉松、肉干、肉脯等500多个品种。

2.1.1.1 腌腊肉制品

按照 GB 2730—2015《食品安全国家标准 腌腊肉制品》，腌腊肉制品是以鲜（冻）畜、禽肉或其可食副产品为原料，添加或不添加辅料，经腌制、烘干（或晒干、风干）等工艺加工而成的非即食肉制品。

腌腊肉制品是我国传统肉制品的典型代表之一，以畜禽肉类为原料，经腌制后风干或烘烤干燥而成，特点是肉质紧密、风味独特、易于加工贮藏。各具特色的腌腊肉制品种类繁多，包括川渝腊肉、广式腊肉、陇西腊肉以及西北方腊肉等，这些腌腊肉制品在中国肉制品行业中，因其耐贮藏性和特殊的风味深受人们青睐。

① 基本生产流程　选料→修整→配料→腌制→灌装→晾晒→烘烤→包装。

② 质量要求　用于加工的原料肉初始菌落要低，同时也还可以采用一定的除菌技术，以减少原料的有害微生物。刘娜等用0.08%溶菌酶、1.5%海藻酸钠和1.5%壳聚糖配制的天然涂膜液对原料肉进行处理，杀菌率达99.54%，使腊肠的货架期得到延长和总体品质得到提升。苟安平等选取不同来源的原料肉，采用同样的保鲜剂处理并使用PE/PA塑料袋真空包装处理，在温度为0~4℃的冷藏环境下保存，发现原料肉中的微生物数量控制得越好的产品，贮藏性能就越优良。孙方达等在红肠生产过程中使用不同质量的原料肉和肥瘦肉斩拌比例，结果初始菌低的新鲜原料肉更适合红肠的制作，加工产品的质量更佳。

2.1.1.2　酱卤肉制品

酱卤制品是酱卤肉制品的简称，其为我国传统熟肉制品的典型代表之一，即生肉预熟后与香料、调味料一起煮制而成，源于地区特点和当地风俗习惯，逐渐形成传统卤制产品独特的地方特色。酱卤肉制品成品均为熟肉制品，质地柔软，风味浓郁，但不适合长期贮藏。酱卤制品包括镇江肴肉、南京盐水鸭、北京酱猪肉等，其种类繁多。

① 基本生产流程　选料→修整→配料→煮制→冷却→包装。

② 质量要求　肉制品中存在肉毒梭菌，如果食品加工环境的卫生条件不符合要求、使用不合格的原材料、工艺不合理、储运条件不符合要求等都会导致食品中有害微生物超标。

2.1.1.3　熏烤肉制品

熏烤肉制品是以熏烤为主要加工方法生产的肉制品。熏烤包含熏制和烤制两种不同的加工方式，其产品分为熏烟肉制品和烧烤肉制品两大类。

熏烟肉制品指以烟熏为主要加工工艺的一类肉制品，根据熏制时原料状态可分为生熏制品和熟熏制品两种。生熏制品是指原料经整理、腌制后，烟熏而成的一类生肉制品，产品一般呈棕黄色，烟香纯正，肉色鲜艳，味道适中，其代表品种有火腿、培根还有猪排、猪舌等；熟熏制品，多指原料在煮熟后进行熏制的一类熟肉制品，产品外观金黄，表面干燥，有烟熏风味，耐藏性好，代表品种有熏肘子、熏猪舌、熏鸡等。

烧烤肉制品指原料肉经预处理、腌制、烤制等工序加工而成的一类熟肉制品，产品具有诱人色泽，皮脆肉嫩，肥而不腻，鲜香味美，代表品种有广东叉烧肉、北京烤鸭、烤鸡、烤乳猪等。

① 基本生产流程　选料→修整→配料→腌制→熏烤→冷却→包装→二次灭菌→冷却。

② 质量要求　熏烤制品中容易产生 N-亚硝胺类化合物，亚硝胺对人体危害十分大，摄入过量亚硝胺表现为肝脏受损、血小板损坏和严重的全身中毒。我国食品安全国家标准 GB 2762—2022《食品安全国家标准　食品中污染物限量》也对亚硝胺做了相关规定：肉制品（肉类罐头除外）中 $\leq 3.0\mu g/kg$，水产制品（水产品罐头除外）中 $\leq 4.0\mu g/kg$。

2.1.1.4　干肉制品

干肉制品包括肉干、肉松和肉脯等。干肉制品是以新鲜的畜禽瘦肉为主要原料，加以调味，经熟制后再经脱水干制，水分降低到一定水平的干肉制品。现代肉干制品的加工，主要不是为了长期保藏，而是加工成肉制品满足各类消费者的喜好。干肉制品营养丰富、美味可口、体积小、质量小、食用方便、质地干燥、便于保存和携带，因此备受人们的喜爱。

① 基本生产流程　选料→水煮→配料→复煮→干制→包装。

② 质量要求　企业在生产过程中，必须按照规定的范围和限量使用食品添加剂。GB 2760—2014 规定，防腐剂山梨酸在熟肉制品中最大的使用量为 $0.075g/kg$，人工合成色素不能用于肉干肉脯产品。

2.1.1.5　油炸肉制品

油炸肉制品是以畜禽肉或其可食副产品为原料，经调味、裹浆裹粉或裹粉后，用食用油高温烹炸（或浇淋）制成的肉制品。主要包括炸肉排、炸鸡翅、炸肉串、炸肉丸和炸乳鸽等。

① 基本生产流程　选料→腌制→油炸→配料→包装。

② 质量要求　肉类在油炸过程中生成的杂环胺、丙烯酰胺及多环芳烃等致癌物对人体健康造成了较大威胁，需要有效去除或者控制这些物质的生成。

2.1.1.6　香肠制品

香肠制品是以畜禽鱼肉或其可食副产品为原料，经腌制（或不腌制）、绞切、斩拌、乳化，添加相关辅料后，充填入肠衣（或模具中）成型，再经烘烤、蒸煮、烟熏、发酵、晾干等工艺制成的肉制品。

① 基本生产流程　选料→配料→腌制→灌制→结扎、排气→漂洗、晾晒→烟熏→风干发酵→包装。

② 质量要求　原料肉必须经过去皮、骨、筋腱及血污等工序；原料肉应保持肉质新鲜、不沾污、不混有其他杂质。

2.1.1.7　火腿制品

火腿制品主要包括中式火腿类（金华火腿、宣威火腿、如皋火腿和意大利火腿等生火腿）及熏煮火腿类（盐水火腿和熏制火腿等）。

① 基本生产流程　选料→腌制→洗腿→晒腿→发酵成熟→堆叠后熟→成品→包装。

② 质量要求　原料肉要新鲜细嫩、皮薄爪细、瘦多肥少、重量适中。GB 2760—2014 规定，发酵肉制品中亚硝酸盐的最大使用量为 0.15g/kg，残留量应小于 30mg/kg（以亚硝酸钠计），硝酸盐最大使用量为 0.5g/kg，残留量应小于 30mg/kg（以亚硝酸钠计）。

2.1.2　水产制品

2.1.2.1　干制水产品

干制水产品是以鲜、冻动物性水产品、海水藻类为原料经调味、干制、烤制等工艺加工制成的产品。主要包括干海参、烤鱼片、调味鱼干、虾米、虾皮、烤虾、虾片、干贝、鱿鱼丝、鱿鱼干、干燥裙带菜叶、干海带、紫菜等。

2.1.2.2　盐渍水产品

盐渍水产品是指以新鲜海藻、水母、鲜（冻）鱼为原料，经腌制、烫煮、干燥等相应工艺加工制成的产品。盐渍水产品包括盐渍海带、盐渍裙带菜、盐渍海蜇皮和盐渍海蜇头、盐渍鱼。

2.1.2.3　鱼糜制品

鱼糜制品是指以鲜（冻）鱼、虾、贝类、甲壳类、头足类等动物性水产品肉糜为主要原料，添加辅料，经切削、斩拌、成形、高温杀菌、冷却等相应工艺加工制成的产品。

2.1.2.4　其他水产食品

包括水产调味品、水生动物油脂及制品、风味鱼制品、生食水产品等。

① 水产调味品是指以鱼类、虾类、蟹类、贝类、藻类等水生动植物为原料，经盐渍、发酵（或不发酵）、调配、杀菌（或不杀菌）等工艺加工制成的产品。

② 水生动物油脂及制品是指以海洋动物为原料经提油、压榨过滤、离心、精制（或不精制）等相应工艺加工制成的油脂或油脂制品。

③ 风味鱼制品是指以鱼类、头足类等水生动物为原料，经盐渍、干燥、调理（调味、烟熏、糟制、油炸）、杀菌（或不杀菌）等相应工艺加工制成的风味产品，以及经熟化、脱水、搓松、调味、炒松等工艺加工的鱼（蟹）松产品。

④ 生食水产品是指以鲜活的水生动植物为原料，采用食盐盐渍、酒醋浸泡或其他工艺加工制成的可直接食用的水产品。

2.1.3 罐头

2.1.3.1 罐头分类

罐头食品指以水果、蔬菜、食用菌、畜禽肉、水产动物等为原料，经加工处理、装罐、密封、加热杀菌等工序加工而成的商业无菌的罐装食品。根据国家标准 GB/T 10784—2020 的规定，与预制菜相关的罐头食品的分类如表 2-1 所示。

表 2-1　罐头食品分类

产品类别		定义
畜肉类罐头	清蒸类畜肉罐头	将处理后的原料直接装入容器,在罐中按不同品种分别加入食盐、胡椒、洋葱和月桂叶等而制成的罐藏食品。如清蒸猪肉、原汁猪肉、清蒸牛肉等罐头
	调味类畜肉罐头	将经过处理、预煮或烹调的肉块装罐后加入调味汁液而制成的罐藏食品。如红烧猪肉、五香牛肉、红烧牛肉、浓汁排骨等罐头
	腌制类畜肉罐头	将处理后的原料经混合盐(食盐、亚硝酸钠、砂糖等按一定配比组成的盐类)腌制等工序制成的罐藏食品。如火腿、午餐肉、咸牛肉、咸羊肉、腊肠等罐头
	烟熏类畜肉罐头	将经处理后的原料经预腌制、烟熏而制成的罐藏食品。如火腿蛋、烟熏肋肉等罐头
	香肠类畜肉罐头	处理后原料经腌制、加香辛料斩拌成肉糜装入肠衣,再经烟熏(烘烤)等工序制成的罐藏食品。如香肠、对肠等罐头
	内脏类畜肉罐头	以猪、牛、羊等内脏及副产品为原料,经处理、调味或腌制后加工成的罐藏食品。如猪舌、卤猪杂等罐头
	其他类畜肉类罐头	除上述类别外的肉类罐头,如榨菜肉丝罐头、肉汤类罐头等
禽类罐头	白烧类禽罐头	将处理好的原料经切块或不切块、装罐,加入少许盐(或稀盐水)等工序制成的罐藏食品。如白烧鸡罐头等
	去骨类禽罐头	将处理好的原料经去骨、切块、预煮后,加入调味盐(精盐、胡椒粉、味精等)等工序制成的罐藏食品。如去骨鸡、去骨鸭等罐头
	调味类禽罐头	将处理好的原料切块(或不切块)调味预煮(或油炸)后装罐,再加入汤汁、油等工序制成的罐藏食品。如红烧鸡、咖喱鸡、炸子鸡、全鸡等罐头
	其他禽类罐头	除上述类别外的禽类罐头
水产类罐头	油浸(熏制)类水产罐头	将处理过的原料预煮(或熏制)后装罐,再加入植物油等制成的罐藏食品。如油浸鲭鱼、油浸烟熏鳗鱼等罐头

续表

产品类别		定义
水产类罐头	调味类水产罐头	将处理好的原料盐渍脱水(或油炸)后装罐,加入调味料等工序制成的罐藏食品。如茄汁鲭鱼、葱烤鲫鱼、豆豉鲮鱼等罐头
	清蒸类水产罐头	将处理好的原料经预煮脱水(或在柠檬酸水中浸渍)后装罐,再加入精盐、味精而制成的罐藏食品。如清蒸对虾、清蒸蟹、原汁贻贝等罐头
	藻类罐头	选用新鲜、冷藏或干燥良好的藻类,经加工处理、预煮或不预煮,分选装罐后调味或不调味而制成的罐藏食品。如海带罐头等
蔬菜类罐头	清渍类蔬菜罐头	选用新鲜、冷藏、冷冻或速冻良好的蔬菜原料,经加工处理、预煮漂洗(或不预煮),分选装罐后加入稀盐水或糖盐混合液等而制成的罐藏食品。如青刀豆、清水笋、清水荸荠等罐头
	醋渍类蔬菜罐头	选用鲜嫩或盐腌蔬菜原料,经加工修整、切块装罐,再加入香辛配料及醋酸、食盐混合液而制成的罐藏食品。如酸黄瓜、甜酸薤头等罐头
	盐渍(酱渍)蔬菜罐头	选用新鲜蔬菜,经切块(片)(或腌制)后装罐,再加入食糖、食盐、味精等汤汁(或酱)而制成的罐藏食品。如雪菜、香菜心等罐头
	调味类蔬菜罐头	选用新鲜蔬菜及其他小配料,经切片(块)、加工烹调(油炸或不油炸)后装罐而制成的罐藏食品。如油焖笋、薯类罐头等罐头
	蔬菜汁(酱)罐头	将一种或几种符合要求的新鲜蔬菜榨成汁(或制酱),并经调配、装罐等工序制成的罐藏食品。如番茄汁、番茄酱、胡萝卜汁等罐头
食用菌罐头		选用新鲜、冷藏或干燥良好的食用菌原料,经加工处理、预煮漂洗(或不预煮),分选装罐后调味或不调味而制成的罐藏食品。如调味食用菌罐头、油浸食用菌罐头、清渍类食用菌罐头、盐腌类食用菌罐头、食用菌酱罐头
蛋类罐头		以禽蛋为主要原料,经加工制成的罐藏食品。如鹌鹑蛋罐头等
其他类罐头	汤类罐头	以符合要求的肉、禽、水产及蔬菜等原料,经切块(片或丝)、烹调等加工后装罐制成的罐藏食品。如水鱼汤、猪肚汤、牛尾汤等罐头
	酱类罐头	以一种或几种植物性或动物性食品为原料,经处理、调配、装罐、密封、杀菌、冷却等制成的罐藏食品
	混合类罐头	将动物和植物类食品原料分别加工处理,经调配、杀菌制成的罐藏食品。如榨菜肉丝罐头、炒三丝罐头等
	其他罐头	不属于上述类别的罐头归为其他类罐头,如龟苓膏罐头、燕窝罐头、腐乳罐头、芦荟罐头、饮料类罐头等

2.1.3.2 罐头食品质量要求

(1) 罐头食品原辅材料要求

① 畜禽肉类原料要求　畜禽肉类原料应采用来自非疫区健康良好的畜禽，每批原料应有产地动物防疫部门出具的兽医检疫合格证明。重金属、兽药和其他有毒有害化学物质残留量应符合相关的法律法规和标准要求。

进口的畜禽肉类原料应来自经国家有关部门批准的肉类生产企业，附有出口国家或地区官方兽医部门出具的检疫合格证书和（或）入境口岸有关官方部门出具的检验检疫合格证书。

畜禽肉类原料应在满足产品特性的温度条件下储藏和运输，保持清洁卫生。

② 水产类原料要求　水产类原料应来自无污染的水域，重金属、兽药和其他有毒有害化学物质残留量应符合适用的法律法规和标准要求。

进口水产类原料应附有出口国家或地区官方部门出具的卫生合格证书和（或）入境口岸有关官方部门出具的检验检疫合格证书。

水产类原料应在满足产品特性的温度条件下储藏和运输，不应使用未经许可的或成分不明的化学物质，并保持清洁卫生。

③ 植物类及食用菌原料要求　植物类原料应来自安全无污染的种植区域，重金属、农药和其他有毒有害化学物质残留量应符合相关的法律法规和标准要求。

植物类原料应在满足产品特性的温度下储存和运输。对有特殊加工时间要求的原料，应明确从采摘、收购到进厂加工的时限。

④ 食品添加剂的使用要求　使用食品添加剂的品种和添加数量应符合GB 2760—2014的要求，出口产品应符合进口国的相关要求。

(2) 罐头食品生产车间与容器设备要求

① 罐头食品加工车间内接触食品的设备、传送带、操作台、运输车、工器具和容器等，应采用无毒无味、耐腐蚀、不易脱落、无吸收性、易清洗、表面光滑的材料制作，并应易于清洁和保养。不应使用竹木工器具和容器。生产车间避免使用纤维类材质的工器具，如棉纱手套、布质的过滤袋、网、清洁抹布等。如生产需要，企业应制定相应的管理制度，加强安全卫生管理。

② 罐头食品包装容器应具有良好的阻隔性能和密封性能，能耐化学腐蚀、机械加工、杀菌热应力的冲击，本身无毒、无味，与内容物接触后不产生有毒物质，透湿性小，能够阻隔光线的投射。软包装容器不得有分层现象，应存放在通风、干燥、无尘、无污染的仓库中。所使用包装容器的材质、内涂料、接

缝补涂料及密封胶应符合相关安全标准要求,按相关标准检查验收,合格后方可使用。

③ 罐头食品加工车间内所用设备、工器具的结构和固定设备的安装位置都应便于彻底清洗、消毒。

④ 盛装废弃物的容器不应与盛装食品的容器混用。废弃物容器应选用耐腐蚀、易清洗的材料制成,并有明显的标识。

(3) 罐头食品加工操作要求

罐头食品的基本加工流程一般包括原材料的挑选、清洗、去皮、切割、预煮、添加辅料、密封、杀菌、排气、冷却、包装等一系列的过程。

① 原料挑选　根据罐头食品的要求,选择新鲜、大小和成熟度适宜的原料,原料表面要无病害和机械损伤,将干瘪、腐烂以及大小不符合要求的原料剔除。

② 清洗、腌泡　少数原材料必须清洁腌泡,确保腌泡时间到位,腌泡周期为4～8天,在这个过程中亚硝酸盐含量达到一定程度后下降。清洁过程需要真正冲洗,确保没有任何残留物,比如小黄鱼、秋刀鱼等原材料只需要清洁但不需要腌泡。还有一些原材料要求腌泡,比如三文鱼、沙丁鱼等,在开展腌泡的过程中必须尽可能确保原材料的完整性,以免存在肉质不新鲜或者腌泡不入味的状况,对于破损的原材料需要进行特殊处理,以保证原材料形状完整。

③ 切块　切割后的原材料大小要适中、美观,便于贮存和食用。切割时,根据罐头包装的需求,再结合原料的特点,采用适当的切割方法和大小,对于切割损坏的部分要另外处理。

④ 预煮　原材料煮熟的时间要进行严格把控,根据不同原材料的种类和大小选择合适的温度和时间进行预煮,保证其口感和效果都最合适。

⑤ 添加辅料　所需要添加的辅料都需要经过质量检验,确保不会对人体造成危害。在辅料添加时需要根据原料的需求来选择适宜的种类和数量,严格遵守食品安全标准,防止超标。

⑥ 密封　在密封过程中需要确保空气排出,避免出现罐头食品变质的情况,提高罐头食品的品质,通常情况下,罐头工厂会直接采取封罐机对食品进行密封处理,在这个过程中需要对已经密封过的罐头食品进行检查,一旦发现密封不到位的,需要进行二次密封处理。

⑦ 杀菌、排气、冷却　杀菌关系到罐头食品的保存期限,针对不同的罐头食品,所采用的杀菌工艺不相同。冷却是杀菌之后要进行的重要步骤,为了避免冷却阶段罐内外由于压力差变化导致罐头出现爆裂等情况,要注重对罐外

反压有效控制。冷却水要通过氯化处理，实际残余有效氯要保持在1～3mg/kg范围内，这样能有效防止杀菌之后受到冷却水的重复污染。

⑧ 包装　制成罐头成品。

⑨ 检验　在各类罐头食品检验中，常用的检验方法主要有物理检验、化学检验、感官检验、微生物检验，主要是对罐头容器外观、质量、密封情况、容器内壁、真空度、可溶性固形物、pH值、酸度、重金属含量、汁液浓度、营养元素组成量、农药残留量、罐头色泽、形态、气味、致病菌、商业无菌、霉菌数量、腐败微生物量等进行检测。图2-1、图2-2分别是鱼罐头和牛肉罐头生产工艺流程。

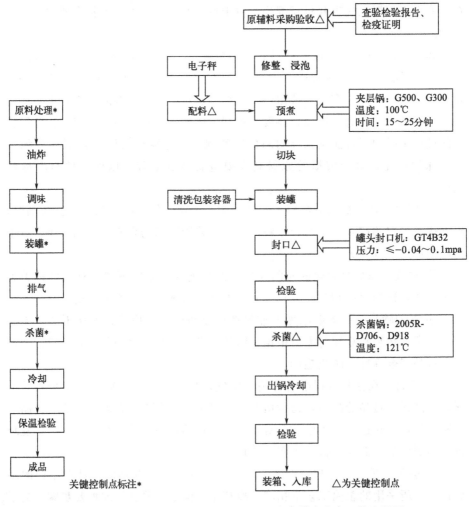

图2-1　鱼罐头生产工艺流程　　图2-2　牛肉罐头生产工艺流程图

（4）罐头产品质量要求

罐头食品的质量要求按照 GB 7098—2015 一般包括感官要求（表 2-2）、理化指标（表 2-3）要求和其他要求。

表 2-2　罐头食品感官要求

项目	要求	检验方法
容器	密封完好，无泄漏、无胀罐。容器外表无锈蚀，内壁涂料无脱落	GB/T 10786
内容物	具有该品种罐头食品应有的色泽、气味、滋味、形态（如火腿罐头：要求色泽呈淡粉红色；具有火腿罐头应有的滋味及气味，无异味；内容物完整得结为一块，软硬适度，组织柔嫩和易于切片，胶冻呈微黄色透明；不允许存在杂质）	GB/T 10786

表 2-3　罐头食品理化指标要求

项目		指标	检验方法
组胺[①]/(mg/100g)	≤	10^2	GB/T 5009.208
米酵菌酸[②]/(mg/kg)	≤	0.25	GB/T 5009.189

① 仅适用于鲐鱼、鲹鱼、沙丁鱼罐头。
② 仅适用于银耳罐头。

其他要求：污染物限量应符合 GB 2762 的规定；真菌毒素限量应符合 GB 2761 的规定；微生物限量应符合罐头食品商业无菌（指罐头食品经过适度热杀菌后，不含有致病性微生物，也不含有在通常温度下能在其中繁殖的非致病性微生物的状态）要求，按 GB 4789.26 规定的方法检验；番茄酱罐头霉菌计数（％视野）≤50，按 GB 4789.15 规定的方法检验；食品添加剂的使用应符合 GB 2760 的规定；食品营养强化剂的使用应符合 GB 14880 的规定。

2.1.4　蛋制品

蛋制品指以各类新鲜蛋为原料，经过特殊的工艺加工制作成的蛋类食品、蛋制品。

2.1.4.1　蛋制品分类

我国传统的食品制作工艺很多应用于蛋类的加工，目前市场上的蛋制品包括皮蛋、咸蛋、糟蛋、松花蛋、巴氏杀菌鸡全蛋粉、鸡蛋黄粉、鸡蛋白片等。分为 4 类：再制蛋类、干蛋类、冰蛋类和其他类。

① 再制蛋类　是指以鲜鸭蛋或其他禽蛋为原料，经由纯碱、生石灰、盐或含盐的纯净黄泥、红泥、草木灰等腌制或用食盐、酒糟及其他配料糟腌等工艺制成的蛋制品。如皮蛋、咸蛋、糟蛋、松花蛋等。

② 干蛋类　是指以鲜鸡蛋或者其他禽蛋为原料，取其全蛋、蛋清或蛋黄

部分，经加工处理（可发酵）、喷粉干燥工艺制成的蛋制品。如巴氏杀菌鸡全蛋粉、鸡蛋黄粉、鸡蛋白片等。

③ 冰蛋类　是指以鲜鸡蛋或其他禽蛋为原料，取其全蛋、蛋清或蛋黄部分，经加工处理，冷冻工艺制成的蛋制品。如巴氏杀菌冻鸡全蛋、冻鸡蛋黄、冰鸡蛋白等。

④ 其他类　是指以禽蛋或上述蛋制品为主要原料，经一定加工工艺制成的其他蛋制品。如蛋黄酱、色拉酱。

目前我国鸡蛋制品加工以保持鸡蛋原有物理形态的固态蛋制品为多，如清洁蛋、腌蛋、卤蛋等，占据我国鸡蛋制品中较大的市场比例，这方面的研究报道也较多。周大伟对五香熏蛋及五香茶蛋的制作工艺进行了优化研究；孙洪友在保持鸡蛋壳完整的前提下，利用打孔、抽取蛋液等技术根据消费者的喜好研制出了多种口味的营养鸡蛋；王秀娟利用超声波辅助酱卤鸡蛋卤汁工艺，显著缩短了卤制时间、提高生产效率，而且通过超声波辅助腌制出的卤鸡蛋入味效果更佳，味道分布更均匀；黄琼等以鸡蛋作为原料，采用包纸法工艺研制出了无铅鸡蛋皮蛋；唐世涛等以新鲜鸡蛋为原料腌制鸡蛋皮蛋，并利用在不同阶段改变料液中碱的浓度的控制技术来实现腌制过程"无金属添加"，并最终达到鸡蛋皮蛋外观色泽透明度高的感官效果。

我国鸡蛋打蛋去壳后加工的蛋制品主要有液蛋制品、鸡蛋干等。其中液蛋制品是经过消毒、去壳、杀菌后得到的可以代替鲜蛋使用的产品，液蛋制品不会对鸡蛋的营养价值造成损失，并且具有便于运输、使用范围广、安全性能高等优点，越来越受到市场青睐。田思雨等研究不同香辛料种类及含量对液蛋中不愉悦风味的脱除效果，从而为工业化生产无腥味的蛋制品提供一定的参考。

鸡蛋干是以传统工艺为基础并结合现代化的生产设备，用鸡蛋蛋清液或鸡蛋全蛋液加工成的色泽和质地与传统豆腐干类似的一种新型食品。魏明英等以鸡蛋为原料，以红茶、绿茶、姜等为佐料，对茶叶鸡蛋干进行腌制，结果表明在鸡蛋液中添加15％茶姜汤且不经过卤制生产的茶叶鸡蛋干风味与品质最佳；胡跃应用新工艺加工果蔬风味鸡蛋干，研制出品质佳、风味独特、营养丰富的高档鸡蛋干；魏明英等结合鸡蛋干的生产实际，采用危害分析与关键控制点（HACCP）对鸡蛋干的质量安全进行监控，从而有效降低其质量安全风险。

2.1.4.2　质量要求

① 原料质量要求　我国蛋制品初级加工的原料蛋大多数是未经过任何洁蛋处理的鲜蛋，容易造成细菌入侵和交叉污染。食用被污染的鸡蛋或蛋制品是人类感染沙门氏菌、引起食物中毒的最主要原因。沙门氏菌特别是肠炎沙门氏

菌通过鸡蛋或蛋制品污染而引发的食品安全威胁已然成为困扰世界各国的重要问题。因此，使用的鲜蛋要有效去除蛋壳表面的沙门氏菌，保证鸡蛋食用安全。

② 生产标准要符合 GB 2749—2015《食品安全国家标准　蛋与蛋制品》。

③ 蛋制品感官与微生物要求见表2-4、表2-5。

表2-4　蛋制品感官要求

项目	要求	检验方法
色泽	具有产品正常的色泽	取适量试样置于白色瓷盘中，在自然光下观察色泽和状态。尝其滋味，闻其气味
滋味、气味	具有产品正常的滋味、气味、无异味	
状态	具有产品正常的形状、形态，无酸败、霉变、生虫及其他危害食品安全的异物	

表2-5　蛋制品微生物指标要求

项目	采样方案① 及限量				检验方法
	n	c	m	M	
菌落总数②/(CFU/g)					
液蛋制品、干蛋制品、冰蛋制品	5	2	5×10^4	10^6	GB 4789.2
再制蛋(不含糟蛋)	5	2	10^4	10^5	
大肠菌群②/(CFU/g)	5	2	10	10^2	GB 4789.3—2016《食品安全国家标准　食品微生物学检验　大肠菌群计数》

注：n 为同一批次产品应采集的样品件数；c 为最大可允许超出 m 值的样品数；m 为微生物指标可接受水平的限量值；M 为微生物指标的最高安全限量值。

① 样品的采样及处理按 GB/T 4789.19 执行。

② 不适用于鲜蛋和非即食的再制蛋制品。

2.1.5　速冻制品

速冻食品主要工艺为原辅材料经生制或熟制后速冻，可采用速冻前包装，也可采用速冻后包装方式。速冻要求将预处理的食品放在 $-40\sim-30$℃ 的装置中，在 30min 内通过最大冰晶生成带，使食品中心温度从 -1℃ 降到 -5℃，其所形成的冰晶直径小于 $100\mu m$。速冻后的食品中心温度必须达到 -18℃ 以下。

速冻其他食品是指除速冻米面食品外，以农产品（包括水果、蔬菜、畜禽产品、水产品等）为主要原料，经相应的加工处理后，采用速冻工艺加工包装并在冻结条件下贮存、运输及销售的食品。速冻其他食品按原料不同可分为速冻肉制品、速冻果蔬制品及速冻其他制品。

2.1.6 蔬菜制品

蔬菜制品是以蔬菜和食用菌为原料，采用腌制、干燥、油炸等工艺加工而成的各种蔬菜制品，主要包括酱腌菜、蔬菜干制品、食用菌制品、其他蔬菜制品。预制菜应用较多的包括酸菜、菜干等产品。

2.1.7 调味料

调味料产品是指除酱油、食醋、味精、鸡精调味料、酱类外的其他调味品。按其形态可分成固态调味料、半固态（酱）调味料、液体调味料和食用调味油。固态调味料包括鸡粉调味料，畜、禽粉调味料，海鲜粉调味料，各种风味汤料，酱油粉以及各种香辛料粉等。半固态调味料包括各种非发酵酱（花生酱、芝麻酱、辣椒酱、番茄酱等）、复合调味酱（风味酱、蛋黄酱、色拉酱、芥末酱、虾酱）、油辣椒、火锅调料（底料和蘸料）等。液体调味料包括鸡汁调味料、烧烤汁、蚝油、鱼露、香辛料调味汁、糟卤、调料酒、液态复合调味料等。食用调味油包括花椒油、芥末油、辣椒油、香辛料调味油等。

（1）固态调味料

原料→前处理（分选、干燥或杀菌）→粉碎（制粉）→调配（筛分）→包装→成品。

（2）半固态（酱）调味料

原料→前处理→加工（盐渍、水解、烘炒、均质或乳化等）→调配→（杀菌）→包装→成品。

（3）液体调味料

原料→前处理（除杂、清洗）→煮沸（抽提）→调配→杀菌→包装→成品。

（4）食用调味油

原料→前处理（选料、洗料）→烘炒→压榨→淋油→调配→包装→成品。

2.1.8 豆制品

豆制品是指以大豆或其它杂豆为原料经加工制成的产品。根据加工工艺的不同分为发酵性豆制品和非发酵性豆制品两大类。

发酵性豆制品是指以大豆或其它杂豆为原料经发酵制成的豆制食品，包括腐乳、豆豉、纳豆等产品。

非发酵性豆制品是指以大豆或其它杂豆为原料制成的豆制食品，包括豆腐、干豆腐、腐竹、豆浆等产品。

2.2 预制菜产业体系发展展望

2.2.1 预制菜原料及菜品品质评价体系不断完善

中式菜肴"好吃难做",随着预制菜的盛行,行业发展过程中也暴露出预制菜产品还原度低、食用体验不如预期的问题。预制菜经过加工、冷冻、解冻、复热等过程,风味会受到一定的影响。究其原因,是由于制作工艺和品质控制技术规范不完善,品质评价标准不配套,导致不同批次产品口味不一、味道还原度不够。风味品质是预制菜重要的品质指标,产品品质保真是中式预制菜肴产业创新的核心竞争力。运用合适的技术方法,把食物中最接近原貌的香气物质保留下来,这是风味研究中的关键技术。

想要将中式菜肴"八大菜系"融合到预制菜的工业化生产模式中,而且还要尽可能地还原原汁原味,既需要从原料供应到生产加工及冷链运输的全流程标准化,也要不断突破风味调控及冷藏保鲜技术上的限制。

未来,业内将围绕中式菜肴的理论、技术与装备研究,探索构建中式菜肴理论体系,并针对畜禽、水产品、果蔬等预制菜原料,建立更完善的品质评价标准体系,包括不同产地、品种、生长部位、采收时间、贮运过程、保鲜长短等因素。同时,围绕预制菜成品半成品风味品质、加工品质、营养品质、安全品质等方面构建多维的评价标准体系。另一方面,将进一步加强对预制菜的风味、品质调控等共性关键技术的研究,甚至将智能感官设备应用于预制菜、原料、调味料及产品检测的相关研究中,不断研发、升级相关技术,解决预制菜的风味失真等品质调控难题。

2.2.2 质量安全体系建设推动规范化发展

随着产业的快速发展,预制菜的质量安全和标准将引起更广泛的关注。国外预制菜如美国、日本餐食的加工方法比较简单,加上发展较早,其预制菜的标准化程度普遍较高。

国内各地菜系众多,特点各异,烹饪方式多样,中餐的标准化难度较大。目前我国预制菜行业内的通用标准(如预制菜术语、定义和分类标准,预制菜质量评价规范标准等)还有待完善,一些适用地方菜系的专用标准也还相对缺失。另外,由于预制菜整个产业链比较长,涉及原料选择、加工生产、储运物流和销售多个环节,且参与者众多,尤其是一些刚参与到预制菜行业的小型企业,可能还未建立比较严谨的质量控制体系和相应的管理制度。

目前，国内各地预制菜发展逐渐火热，各地政府、相关行业团体以及相关企业已经陆续开始制定和发布符合地方菜系要求的预制菜标准和政策。2022年6月，中国烹饪协会发布了《预制菜》《轻食营养配餐设计指南》《工业化标准化中式高汤》和《工业化标准化中式浓汤》4项团体标准。2022年7月，广东省市场监管局在全国率先批准下达《预制菜术语及分类要求》《粤菜预制菜包装标识通用要求》《预制菜冷链配送规范》《预制菜感官评价规范》《预制菜产业园建设指南》5项预制菜地方标准。2022年11月，由江苏省消保委牵头，联合长三角三省一市餐饮行业协会、部分预制菜龙头企业共同起草的《长三角预制菜点质量及服务评价规范》正式发布。2022年12月，河南省发布了《畜禽副产品预制菜》《羊肉及其制品预制菜生产管理规范》《特殊禽类预制菜生产管理规范》《酱卤肉预制菜生产过程质量规范》4项团体标准。

预制菜是我国传统饮食文化、独特烹饪方式的重要表现形式，是美食工业化、标准化、数字化及行业高质量发展的产物。未来业内将探索构建更合理的预制菜质量安全联合监管机制，针对预制菜明确相应的质量安全标准及管理规定，严把预制菜原料的入口端及预制菜生产企业的产品出口端，打好质量安全牌，切实提升消费者的信任度和满意度。

2.2.3 预制菜产品营养更加精准化

当前，我国的食品生产正在从单纯的生存型食物供给保障，向健康型满足营养需求转型，食物供给也从满足大众型食物消费需求，向满足个性化精准定制型食品消费需求转型。

未来更多的预制菜产品将会主打差异化战略，以精准营养为目标，融合食品科学和临床医学，成为食材相互调和、营养配比均衡的食品。开创既有中华饮食文化特色，又有现代营养科学研究成果支撑的膳食模式。预制菜产品形态和细分赛道也将更加多元化，如针对养生人群、亚健康和"三高"人群、老年人等特殊人群的功能性预制菜已应运而生，并围绕不同场景不断细分，以适应不同消费人群的需求。

在欧美地区、日本，功能性预制菜发展已经十分成熟。在日本，预制菜已不仅仅是为了满足餐饮需求，而是逐渐被开发成了能够帮助减肥、降三高、增强免疫、美容的功能性食品。欧美地区预制菜则倾向控糖、控盐、减少人工添加剂等，通过主打健康天然的原料来增强差异化竞争力。

随着预制菜市场竞争的逐渐白热化，国内各地也适时紧密结合当地的农产品食材和饮食特点，因地制宜，打造差异化产品，以期提高预制菜产品丰富度和多样性,走特色化发展之路。我国中医药文化博大精深,拥有岭南特色中医药饮食文化的广东,针对特殊人群健康调理需求及养生人群的需求,紧紧围绕地方特色食材美食,逐步开发药膳预制菜,如江门利用地方特产和地道的药食同源中药"陈皮"开发出的陈皮八宝鸭、陈皮对虾等具有开胃消食功能的预制菜,又如河源客家地区用具有增强气力、健脾功能的"五指毛桃"制作的五指毛桃猪肉汤等。

2.2.4 集群效应将释放更多产业发展动能

今后各地预制菜产业发展将重点以预制菜产业园等园区为依托,通过政府建设、企业投资或者是联合建设,有效聚集政策、人才、土地、资金等要素进一步推动产业集群化发展。产业园区聚集涵盖了原料、物流、包装、电商、销售等产业链上各个环节的关键资源,通过一系列的公共服务措施和平台等实现有效串联,促进上下游协同创新。一是在产业园范围内建设共同的市场体系,园内企业能够联合制定品牌营销方案,开展国内外专项营销活动及相关营销人才的培育;二是推动实现园区内部的加工及产品质量安全标准化;三是以园区为载体对产业进行明确定位,加快差异化发展,实现"一园一链"。保障相关预制菜企业接"链"进"群",打破"单打独斗"格局,充分释放持续发展动能和活力。

目前,全国多地预制菜集群化发展热度不减,如广东省2022年创建了肇庆市粤港澳大湾区(肇庆高要)预制菜产业园、珠海市斗门区预制菜产业园等11个预制菜产业园,其中珠海市斗门区以白蕉海鲈产业为主导,发挥当地作为国内最大海鲈生产基地、交易集散中心的优势,构建"标准化养殖+精深加工+冷链物流+金融服务+装备制造"为一体的预制菜全产业链体系,打造预制菜"灯塔园区"。河南打造国内首家预制菜全产业链工业园和中国(原阳)预制菜产业基地,山东潍坊则谋划打造中华预制菜产业第一城,河北保定作为北京预制菜供应"大后方"创建了保定市中央厨房预制菜产业园等。

参考文献

[1] 梁新峰. 浅谈中国肉制品的发展与前景[J]. 科技与创新, 2021, (23): 75-76.
[2] 付智星, 王卫, 侯薄, 等. 传统腌腊肉制品安全隐患控制及其品质提升[J]. 食品科技, 2016, 41(10): 98-101.

[3] 王丹,孙学颖,刘建林,等.腌腊肉制品生物胺含量及其品质的分析比较[J].食品研究与开发,2022,43(03):79-86.

[4] 刘娜,梁美莲,谭媛元,等.天然涂膜液对切片腌腊肉品质及货架期的影响[J].肉类研究,2017,31(08):12-17.

[5] 苟安平,李诚.原料肉质量对冷却肉贮藏性的影响[J].肉类工业,2007,(05):26-29.

[6] 孙方达,赵钜阳,李媛媛,等.原料肉质量及斩拌比例对红肠品质影响的研究[J].食品工业,2016,37(04):197-202.

[7] 乔学彬,王林.酱卤制品在加工中存在的安全问题及对策研究[J].食品安全导刊,2019,(19):66-67.

[8] 张潇.腌熏肉制品中N-亚硝胺类化合物分析方法研究[D].上海:东华大学,2021.

[9] 李江华.GB/T 26604—2011《肉制品分类》的主要内容[J].肉类研究,2018,32(12):3-4.

[10] 齐颖.油炸肉制品加工过程中多环芳烃的形成及控制研究[D].天津:天津科技大学,2015.

[11] 牟发章.软包装肉制品罐头[J].上海包装,2008,(08):15-16.

[12] 张向会.罐头食品的加工工艺探究[J].新型工业化,2020,10(12):101-102.

[13] 汪小禄.HACCP在火腿罐头生产中的应用[J].食品工业,2008,(05):51-53.

[14] 安新强.火腿罐头的加工[J].肉类研究,1994,(01):29-30.

[15] 周大伟.五香熏蛋的制法[J].吉林畜牧兽医,1998,(11):31.

[16] 孙洪友.多味营养蛋的加工[J].应用科技,1999,(12):9.

[17] 王秀娟.超声波辅助酱卤鸡蛋加工工艺研究[J].农产品加工,2017,(06):34-35.

[18] 黄琼.无铅鸡蛋皮蛋腌制工艺优化的研究[D].福州:福建农林大学,2008.

[19] 唐世海,付星,朱云飞,等.分段碱调"无金属添加"水晶鸡皮蛋的控制技术[J].食品工业科技,2018,39(01):189-196.

[20] 张强,黄丽燕,刘文营,等.我国传统蛋制品加工方法综述[J].农产品加工(学刊),2012,(09):79-81.

[21] 田思雨,全其根.利用香辛料对液蛋中不愉悦风味的脱除研究[J].中国调味品,2017,42(08):40-46.

[22] 胡瑞,周文倩,李纯,等.鸡蛋干硬度影响因素的研究[J].食品与机械,2013,29(06):67-70.

[23] 张强,黄丽燕,刘文营,等.蛋白液鸡蛋干关键加工工艺研究[J].农产品加工(学刊),2012,(10):71-73.

[24] 魏明英,胡太健.茶叶鸡蛋干的研制[J].食品研究与开发,2015,36(19):89-92.

[25] 胡跃.果蔬风味鸡蛋干加工工艺研究[J].贵州畜牧兽医,2014,38(01):55-57.

[26] 魏明英,胡太健.HACCP在鸡蛋干生产中的应用[J].食品研究与开发,2016,37(16):198-201.

[27] 李卓阳.鸡蛋与蛋制品中沙门菌的流行病学调查及消减技术[D].扬州:扬州大学,2019.

[28] Wojciech Kolanowski, Jaworska Danuta, Laufenberg Günther, et al. Evaluation of sensory quality of instant foods fortified with omega-3 PUFA by addition of fish oil powder [J]. European food research & technology, 2007, 225 (5-6): 715-721.

[29] 郭颖希,李汴生.中式菜肴在烹饪过程中营养及感官品质监控分析[C]//健康食品研发与产业技术创新高峰论坛暨2022年广东省食品学会年会论文集,2023:163-168.

[30] 吴晓蒙，饶雷，张洪超，等．新型食品加工技术提升预制菜肴质量与安全［J］．食品科学技术学报，2022，40（05）：1-13.

[31] 黄卉，陈胜军，赵永强，等．水产品预制菜加工与质量安全控制技术研究进展［J］．南方水产科学，2022，18（06）：152-160.

[32] 广东省市场监管局在全国率先立项制定预制菜五项基础性关键性地方标准［EB/OL］．（2022-7-21）［2022-12-12］．http://amr.gd.gov.cn/zwdt/xwfbt/content/post_3977136.html.

[33] 陈萌山．发展营养导向型农业建设健康中国［J］．农村工作通讯，2021（07）：21-23.

[34] 张帆．全力打造预制菜产业"灯塔园区"［N］．珠海特区报，2022-12-01（007）.

[35] 王永强．肇庆致力打造粤港澳大湾区预制菜产业"第一园"［N］．西江日报，2022-05-10（006）.

第3章

预制菜大数据及品质研究

3.1 预制菜营养品质数据库研究

随着生产力的不断提高，我国农林牧渔等产业快速发展，餐桌上的食物发生了很大变化。人们从刚开始的追求温饱，逐渐到注重风味口感，再到营养健康与风味并重。当前，我国居民膳食结构正处于变迁时期，《中国居民膳食指南（2022）》（以下简称《指南》）呈现了一些新变化，《指南》显示，大多数人获取蛋白质的主要途径仍是以畜肉为主，我国居民平均每日肉类摄入量约126g，其中红肉摄入量占78.4%，红肉摄入量是星球健康膳食模式推荐量的7.1倍，是推荐上限的3.4倍。但是，我国居民鱼虾类平均摄入量为每天24.3g，多年来没有明显增加。鱼肉肉质细嫩，营养丰富，口感鲜美，易于消化。鱼肉也是多种维生素和矿物质的良好来源，且具有补益肝血、健脾和胃及增强免疫等功效。因此，《指南》提出了增加鱼虾类摄入量的建议，这对优化居民动物性食物消费结构、改善膳食短板具有重要意义。

我国水产品的消费量不大，有消费习惯上的原因，也有水产品加工复杂、鲜活水产品内陆地区价格偏高等因素。预制菜是激发水产品消费潜力、提高人均水产品消费量的重要措施之一。对于个人而言，预制菜免去了自己做菜时买菜、洗菜、切菜等程序，不需要花太多的时间准备食物和烹调，十分便捷，给人们带来了舒适的体验；对于餐饮经营者来说，预制菜能更大程度地节约人力、空间和成本，而且出餐快，食客无须等待过长时间。相对于餐饮门店，正规厂家生产的预制菜在食材方面会更为安全可靠。

天眼查数据显示，2022年全国预制菜企业扩容至7万多家，多分布在山东、河南、江苏、广东等地。艾媒咨询预计，保持高速增长的预制菜市场，至2026年产值或达万亿元级别。中式餐饮预制菜起步较晚，煎烤烹炸蒸煮（中式餐饮加工方式），不像西餐那样容易实现标准化、工业化生产。

大数据时代的来临，为人类的生活带来了更多的便利，也给人类带来了崭新的商业发展机遇。针对预制菜行业发展中出现的问题，可设立预制菜营养和品质数据库，制定预制菜原料供应标准、加工标准、品质标准、营养标准，生产全过程追溯系统、全链条数字资源库等。目前，预制菜产业的数据库大多聚焦于行业中的市场行为，包括商品分析、店铺分析、品类分析、品牌分析等。对于预制菜的加工技术关注度还不够。需要构建原材料营养分析和调味品分析数据库，为助力预制菜产业发展，提供大数据与技术支撑。大数据的基本核心是持续收集数据，全面收集预制菜企业及其产品的信息，确保数据的真实性，最终利用互联网科学合理地进行数据收集与分享。利用智能技术和科学的通讯感知技术，随时随地汇总预制菜各个环节收集的信息，建立从种植、养殖到加工、贮运、销售的全面信息。通过构建预制菜数据库，促进产业健康发展。

预制菜是食品加工中的一种产品形态，预制菜的原材料产地、加工工艺、风味和品质标准、保鲜与保质技术等，同样需要每道菜都经过上千次测试，再进行工业化研发。例如酸菜鱼这个预制菜产品，鱼的品种、鱼龄、大小、养殖环境和方式等都对鱼肉的肉质产生影响。酸菜鱼的加工、调浆与贮运环节，也决定着产品的最终质量。对预制菜数据库而言，大数据时代运用新的信息分析手段，可以建立一个更为智能的预制菜营养与品质安全系统。根据预制菜原材料产地、性质、功能、营养、风味、加工过程、装备、包装等不同的业务分类，数据库系统也可以有不同的分类。这样有助于细化管理，进而提高预制菜产业的高质量发展。在构建预制菜营养与品质数据库时，需要注意以下几个问题：

3.1.1 建立预制菜营养与品质数据库

在大数据时代建立预制菜产业数据库，需要对不同企业目前内部的数据进行梳理和采集，运用现有的智能化、自动化信息装备和技术，更加便捷地收集内部数据，进而形成了产业或企业的产品数据库。收集预制菜相关海量数据，是大数据分析的核心内容。利用大网络全面采集预制菜企业原材料信息、加工工艺信息、贮运环境信息，并保证大数据的真实性。运用通信与感知技术等智能信息技术，人们能够随时随地掌握所需要的信息，从而形成了统一的预制菜营养与品质数据库，通过汇总采集的数据，可以逐步形成全产业链的信息数据库。当政府部门、行业管理协会、企业或个人需要查询相关信息时，可根据查询的保密级别，方便查询获得相关信息。

3.1.2 实现预制菜产业数据的共享

近年来,随着预制菜产业的快速发展,国家相关部门、行业协会、预制菜企业也迫切需要对预制菜产品的基本情况进行了解,以便准确掌握其生产的产品状况。但是,行业中的数据有关商业利益,很多是商业秘密,很多单位都将产业中的信息数据作为内部资料,不对外公开。以政府相关部门牵头,建立产业信息共享联盟,实行必要的保密和隐藏商业秘密的前提下,对数据进行资源共享,可以减少行业内信息壁垒。另外,还应当把信息查询权限级别和优先权提供给共享数据的企业,为预制菜企业商业秘密提供有效保障,以提高其共享数据的积极性。

3.1.3 创建预制菜安全数据公开平台

消费者最重视食品的品质和安全,通过建设我国预制菜营养与品质数据库数据发布平台,政府可以发布预制菜企业的商品供应商信息与产品检验结果,让消费者可以随时随地了解商品的安全性和质量,也便于消费者监督,促进我国预制菜产业从最开始就形成较为完善的安全监管和消费环境。从产业发展的长远角度看,可提升消费者对预制菜产品的信任度,促进全产业链的良性发展。在数据库的建立与信息搜集过程中,准确率也是一个非常关键的评判因素,提前做好资料辨别、分类等工作,就能够有效服务产业。云计算可以迅速地从数据库中发现合适的数据,以及分析数据相互之间的关联关系。通过运用得到的大数据分析结果,对产品各种信息合理划分,为查询者提供良好的查询结果,服务产业发展。

3.1.4 数据库的运行与管理

在目前的技术基础上,已经能够实现数据录入的管理与监督。数据库如何运行与管理?如何服务各种类型目标客户?首先,从预制菜相关企业中获得基本数据,对数据库中已有的历史数据进行科学比较,通过比较预制菜企业的主要产品特点,对生产工艺阶段进行详细分析,并科学地展示分析报告,具体产品数据上传到数据库,之后再传输到大数据信息挖掘平台上,并加以科学分析,以获取更为科学的建议。数据库可以实行相关部门或者行业协会等进行监督,委托第三方专业机构管理的方式,进行日常运行与管理。业务可以分为有偿和无偿两类,针对不同的客户需要,提供不同的查询服务。预制菜营养与品质数据库基本核心工作是持续收集产业方面相关数据和信息,确保数据的真实性,最终利用互联网科学合理地进行数据共享。

构建大数据时代预制菜数据库，最为关键的工作是进行产业链中各项数据梳理与整理，有助于提升数据库的质量，使数据库的设置更为科学合理。在云计算平台下，有关人员将实际进行预制菜数据库的分析调研，对系统的产品信息进行深入分析，保证从数据库系统中能够获取所要求的相关信息。在大数据分析时代的背景下，各预制菜行业监管人员、行业从业人员将通过预制菜营养和品质数据库，利用分析平台、互联网、云计算等现代信息处理技术手段，从根本上提升行业精细化管控的可能性，并针对预制菜行业的特征，形成更加规范的个性化品质管理体系，完善在大数据挖掘背景下的预制菜营养、品质、安全数据库系统，并将其有效运用于预制菜行业发展中。

3.2 菜肴加工过程中品质形成

虽然预制类食品、菜肴早已在市场上流通，但"宅经济"拉动了预制菜的消费，预制菜逐渐得到了消费者的青睐。按照加工方式可分为四类：即食预制菜、即热预制菜、即烹预制菜和即配预制菜。由此可见，预制菜的制备需要多样化的加工方式。例如原料初加工、预调理、熟化、复热等技术。各种加工技术均会对不同类别预制菜的品质产生影响。以下对预制菜加工过程中的品质变化进行总结，为预制菜行业的高质量发展提供强有力的技术和标准支撑。

3.2.1 预制菜的加工方式

3.2.1.1 预制菜的原料初加工方式

预制菜的原料初加工方式包括预制菜原料的清洗、切配、漂洗等过程。

3.2.1.2 预制菜的预处理方式

预制菜肴的原料在熟化前需要大量的预处理步骤，包括果蔬的清洗切分、鱼肉的嫩化腌制、调味料酱汁的复配等。首先，配菜比例的调整优化可以直接改进菜肴中蔬菜、水产品或中餐特色食材的品质。中餐中常用到风味独特的调味料，通过天然调味料预处理可以调节菜肴的pH值和水分活度，确保风味的稳定性。国外也曾报道类似的研究，如在即食鸡肉饼中加入天然植物提取成分，可以显著减少其蛋白质和脂质氧化，替代合成类抗氧化剂保持其色泽稳定。各类肉片的腌制嫩化也是常用的预处理技术。

常见的预制菜的预处理方式包括干制、腌制、熏制、发酵、挂糊、嫩化、脱腥等方式方法。

① 干制 即以脱水加工为品质赋予和主要保质手段的菜肴加工食材或产

品。如水产干制品、萝卜干、干制菌类、苔干等。

② 腌制　腌制是指以食盐为主料材料，加之其他的辅助材料如硝酸钠或亚硝酸钠、硝酸钾等的发色剂，以及一些用于品质改良的磷酸盐和增强风味的香辛料与调味剂等处理肉制品的过程。最初腌制的目的仅仅出于防腐保鲜，用来延长肉制品的保存时间，随着加工技术的不断提高，人们开始利用腌制来达到更多的目的，如提高肉的保水性、增加肉的风味、改善肉的颜色，进一步提高肉品的品质等。食盐腌制还可以有效去除原材料所带来的异味，例如鱼腥味和泥腥味。产品例如腌鱼、腊肉等。

③ 熏制　烟熏的方法是在一定的温度下使鱼肉边干燥边吸收木材烟气，熏制一段时间使鱼体水分减少至所需相应含量，并使其具有特殊的烟熏风味，可改善色泽，延长保藏期。产品例如熏腊肉、熏鱼等。

④ 发酵　发酵肉制品经过微生物或酶的发酵作用，能够产生酸或醇，并且通过低温脱水，肉中含水量下降，这使得发酵制品具有特殊的风味品质。发酵肉制品除发酵灌肠制品外，以腊肉、板鸭、酸肉、咸肉为代表的中国传统腌腊肉制品也均属于发酵制品之列。此外还有泡菜、酸菜、臭鳜鱼等。

⑤ 挂糊　挂糊是烹饪前常见的加工处理方式，是挂糊类食品的一道重要加工工序，指在经刀工处理的食品原料外部均匀地挂上一层以淀粉为主要原料调制的黏性糊状物质。挂糊肉制品是指肉类原料经挂糊处理后，再经不同烹饪加工方式制作而成的一类食品，一般是先将淀粉、鸡蛋、水、调味辅料等调制成糊后，再将原料放入糊中搅拌或拖拌挂糊。挂糊能改善食品的营养特性、触觉特性、味觉特性、嗅觉特性和视觉特性，具有保持原料鲜嫩多汁的食用品质、提高原料营养价值、增强食品风味、改善原料质感、赋予食品良好的口感和色泽以及构建原料造型、保持原料形状的作用。

⑥ 嫩化　嫩度是评价某些肉制品口感的重要指标，提升嫩度方法有3种：一是物理嫩化法，主要是低温熟成、机械嫩化，需要的时间较长，但能获得较好的嫩度。二是化学嫩化法，通过添加多聚磷酸盐、碳酸盐等改变蛋白质的性质增加肉的嫩度。三是生物嫩化法，用得较多的是酶法嫩化，通过分解结缔组织、肌原纤维蛋白质使肉的嫩度增加，如制作猪排添加木瓜蛋白酶保持猪排适宜嫩度。

⑦ 脱腥　加工利用过程中，自然捕捞和人工养殖的淡水鱼都存在土腥味或腥臭味。如鲤、鲢、草鱼和罗非鱼等淡水鱼类的土腥味十分严重，极大地影响了鱼糜制品品质和消费需求。由于水产品自身物质的氧化分解，在水产品加工过程中腥味物质越积越多，这不仅加快了水产品的腐败变质，而且影响了水产品的风味。近年来，关于水产品脱腥方法的研究越来越多，主要有化学法、

物理法、生物法、掩盖法和复合脱腥法。

3.2.1.3 预制菜的熟化方式

中式菜肴注重蒸、烧、炒、炖等较复杂的烹饪手法，工业化加工工艺如何复刻传统方法的"锅气"，达到餐厅级别的菜肴品质是研究的关键。常见的预制菜的熟化及烹饪方式包括炒、爆、熘、煎、炸、炝、烘、氽、烫、炖、煮、烧、煸、烩、焖、煨、蒸、烤、卤、拌等30余种方法。

3.2.1.4 预制菜的复热方式

热食是人们膳食模式的标志，热处理能够提高食物的安全性、营养价值以及改善味道。复热会引起食品水分、质构、色泽等感官品质和面筋网络结构、淀粉糊化度、消化率等理化特性的变化。预制食品包括即食、即热、即烹、即配食品，其中大部分在食用前都需要复热，即对储藏的熟制食物进行二次加热。目前可供选择的复热方式有多种，通常采用的复热方式有微波、蒸汽和水浴复热及直热等方式。

3.2.2 预制菜的品质指标及检测手段

预制菜的品质是由多个因素构成的综合性质，从原料到加工、生产、运输、贮藏再到消费，涉及菜肴品质的多个方面，包括感官品质、营养品质、食用品质和贮藏品质等方面。菜肴的食用品质对于消费者而言是最重要的方面，食用品质指食品的组织状态、口感、色泽等，是衡量食品商业价值的重要因素。

在加工过程中，主要产生变化的包括感官品质、营养品质和使用品质。其中感官及食用品质包括菜肴香气、滋味、色泽、质构、接受度、挥发性物质、滋味物质等，营养品质包括水分、蛋白质、脂肪、游离氨基酸、脂肪酸、矿物质及重金属、脂质氧化、盐分及水分活度、挥发性盐基总氮（TVBN）、蛋白质水解指数（PI）、硫代巴比妥酸值（TBA）、脂肪氧化酶相对活性（LOX）等指标。

3.3 预制菜加工过程中品质变化规律

3.3.1 原料初加工对预制菜品质的影响

在原料的初加工中，漂洗过程对原料品质的影响较为显著。多数时候漂洗与热烫需联合进行。尤其是在鱼糜制品的制备工艺过程中，漂洗过程更为重要。刘芳芳研究了多种海水鱼的凝胶性能，并选取了产量较大的鱼种研究鱼糜加工及凝胶形成过程中水分含量、pH 值、蛋白质组成、蛋白质间化学作用力、蛋白质水解度等指标，并结合拉曼光谱揭示鱼糜凝胶形成原理，分析在鱼糜加工过程中各指标的相关性。其研究结果显示，漂洗使 5 种鱼糜（黄鳍鲷、海鲈、金鲳、尖吻鲈和鲷）的 pH 均达到适宜加工鱼糜的范围，漂洗降低了 pH 值，经过加热再次使得鱼糜的 pH 显著增大，但均在鱼糜适宜加工范围内（6.70～7.01）。进一步研究还表明，漂洗使海鲈和金鲳的水溶性蛋白所占比例分别降低了 3.58% 和 3.72%、不溶性蛋白所占比例分别降低了 3.46% 和 0.29%，而盐溶性蛋白相对含量显著增加（$p<0.05$）。

孔维乾等研究发现，不同温度漂洗后都能显著除去腌制鸭胸肉的食盐、盐溶性蛋白和表面浮油等（$p<0.05$）。鸭胸肉中的亮度值（L^*）和黄度值（b^*）以及漂洗液中的食盐含量、油脂含量随着漂洗温度的增高而增高；漂洗液中的盐溶性蛋白含量和鸭胸肉中的红度值（a^*）则是先增大后减少。当漂洗温度增加到 50℃ 时，漂洗液中的盐溶性蛋白含量开始下降，鸭胸肉的肌纤维直径有明显的下降，鸭胸肉的食盐含量无明显的下降。

在制备土家风味徽菜的过程中，周志等发现腌渍徽菜菜体的品质随着热烫条件的不同而有所差异。随着 $NaHCO_3$ 护色剂的使用，腌渍菜体的色泽较不使用护色剂时的效果好；随着明矾、$CaCl_2$ 和乳酸钙保脆剂的使用，腌渍菜体的脆度有所改善；热烫时间过短，腌渍菜体的涩味消除不彻底；热烫时间过长，腌渍菜体的质地易软烂。综合考虑，预处理后的徽菜以 95℃ 在 0.2% $NaHCO_3$ 和 0.2% 乳酸钙混合烫漂液中热烫 2min 为宜。

3.3.2 原料预处理对预制菜品质的影响

原料预处理过程中的干制、腌制、发酵等工序通常会出现在同一种原料的加工过程中。

例如，风鸡是中国传统的腌腊肉制品，以其独特的风味受到消费者的喜爱。传统风鸡的制作工艺包括腌制、自然晾干、发酵和成熟等步骤。食盐添加量和干燥温度是风鸡加工过程中两个重要的工艺参数，与风鸡的水分、质量、色泽、脂质和蛋白质氧化等密切相关，对风鸡品质产生重要影响。瞿丞研究发现，在风鸡的制备过程中，不同食盐质量分数的腌制液对风鸡的传质特性有显著影响。质量变化量和水分变化量随食盐浓度的增加先上升后下降，NaCl 变化量与食盐浓度成正比。剪切力、蒸煮损失和压榨损失随着腌制时间的延长整体呈现下降趋势。此外，随着食盐质量分数的增加，羰基含量和表面疏水性显著上升，巯基含量显著下降，硫代巴比妥酸反应物（TBARS）和蛋白质溶解度先增大后减小。SDS-聚丙烯酰胺凝胶电泳（SDS-PAGE）的结果表明食盐质量分数的增加会促进二硫键交联的形成。对于鸡肉食用品质而言，随着食盐质量分数的增加，pH 和水分含量先增大后减小，蒸煮损失先减小后增大，亮度值（L^*）显著降低，红度值（a^*）显著上升。

猪肉及猪肉干是中国传统菜肴中不可或缺的肉类原料。陈星等在腌制猪肉干的过程中，加入了有机酸，结果表明加酸辅助腌制会使腌制猪肉发生失水作用，水分含量和保水性先上升后下降，使猪肉的亮度值（L^*）升高，红度值（a^*）下降，猪肉的 pH 值随着食醋浓度的增长而下降。加酸辅助腌制可以使腌制猪肉的咀嚼性和硬度提高，有助于改善腌制猪肉的质构。此外，加酸辅助腌制能够抑制腌制猪肉中亚硝酸盐、挥发性盐基总氮的产生，提高肉制品的新鲜度，但是加酸会促进脂肪的氧化。

除此之外，火腿更是发酵肉制品的典型代表。例如，宣恩火腿在加工过程中会发生一系列复杂的反应，导致其理化性质发生变化，包括水分、盐含量、pH 值的改变以及脂肪和蛋白质的降解等，这些理化性质的变化会影响成品宣恩火腿的风味、外观等品质特性。

熊哲民等综述了宣恩火腿发酵过程中的品质变化，结果发现，在水分含量方面，从原料期到发酵初期，由于原料腿的水分含量较高（71.12%）且主要以自由水为主，极易蒸发散失，在经过 7 次上盐和晾晒过程之后，细胞也会脱水，导致这一时期火腿内部水分含量显著下降，到发酵初期时其水分含量为 44% 左右，与猪肉在湿腌过程中的水分含量变化相反。之后，由于发酵库房中的温度和相对湿度较为稳定，火腿中的水分含量基本稳定，与发酵初期相差不大。从原料期到腌制期，宣恩火腿的盐含量显著上升，从腌制期到发酵初期，盐含量略有上升，而从发酵初期到成品火腿阶段，由于库房内温度和相对湿度保持稳定状态，水分蒸发散失减弱，盐含量变化不明显。从 pH 的结果来看，加工过程中 pH 值整体呈现显著上升趋势，由 5.91 上升至 6.75，与金华火腿的 pH 值变化趋势一致。

在蛋白质变化方面，耿翠竹等研究发现，宣恩火腿加工中的原料期到腌制期阶段，高渗透压使得肌红蛋白等水溶性蛋白流失，火腿总氮含量下降，之后又开始显著回升，成品火腿中的总氮含量明显高于原料腿；与此同时，水溶性蛋白氮含量持续上升至发酵末期，这是由于水溶性蛋白降解产生水溶性氮的速率大于水溶性蛋白流失的速率；到了成品阶段，火腿中的水溶性氮能够与其他物质反应，造成消耗，使得成品宣恩火腿中的水溶性氮含量降低，与发酵中期水溶性氮含量相差不大。在脂质变化方面，原料腿中，脂质的主要存在形式为甘油三酯和磷脂，而游离脂肪酸含量很少，但经过一系列加工处理之后，脂质会发生降解，可产生游离脂肪酸等物质，脂质的降解是干腌火腿加工过程中另一重要反应。在质构方面，火腿的质构包括硬度、弹性、黏性、凝聚性、咀嚼性和胶黏性等指标，在火腿的加工过程中，水分的丧失，会导致火腿的质构发生改变，从而影响火腿的口感。随着宣恩火腿加工的进行，由于水分减少，其硬度和咀嚼性都呈现出不断增加的趋势。

色泽是人们能够主观判断肉和肉制品好坏的一个指标，同时也是影响消费者购买欲望的一个重要因素。由于火腿需要经过一系列的加工，且周期较长，还伴随着各种生化反应，其颜色也会有所改变。品质较好的火腿从色泽上来看其切面呈红玫瑰色、桃红或暗红色，脂肪组织呈白色、淡黄色或淡红色而有光泽。

挥发性风味物质是宣恩火腿风味的重要组成部分，主要挥发性物质包括烃、醇、醛、酮、酸、酯、含氮杂环化合物及含硫化合物等。每种物质对火腿风味的影响取决于其特征香气和阈值，而这些物质主要来源于火腿在加工过程中发生的蛋白质降解反应、脂肪降解反应及美拉德反应。

杜垒等以鸭肉为原料，研究了盐水浓度对鸭肉湿腌传质动力的影响，发现高浓度盐水的传质驱动力较大，且有效扩散系数较高。

除了畜禽制品，水产品的腌制和干制对其品质也有显著的影响。

郭雅研究了不同腌制工艺对风干鳊鱼品质的影响，采用干腌、湿腌和混合腌制手段，结果显示，在同种条件下风干的鳊鱼，其含水量呈现下降的趋势，其中干腌含水量下降速率最快，为33.94%；含盐量呈现显著上升的趋势，腌制结束后三组之间的含盐量差异显著（$p<0.05$），干腌含盐量上升速率最大，最终含盐量为7.8%；TBA（硫代巴比妥酸）均呈现上升的趋势，在腌制结束后，干腌显著高于湿腌和混合腌制（$p<0.05$），其最终TBA值到达5.64mg/kg；硬度均呈现先下降后上升的趋势，实验结束时三组样品间差异不显著（$p>0.05$）；pH值在加工过程中变化不显著（$p>0.05$）；三种腌制方式干腌的感官评分最高，其次是混合腌制、湿腌，分别是91.29、86.24、84.50。综合比较采用干腌腌制的风干鳊鱼在腌制速度和产品风味方面优于湿腌和混合腌制。

在水产干制工艺方面的研究中，Wu和Mao研究比较了热风干燥和微波干燥对风干草鱼营养特性和气味属性的影响，结果表明相比于传统的热风干燥，微波干燥的风干草鱼的蛋白质品质还有所提高，同时脂肪的氧化受到抑制，微波干燥的样品表现出较低的脂肪流失、较高的蛋白质溶解率和较低的甲氧基苯胺值。

Hwang等研究了不同盐浓度和不同的干燥方式对风干遮目鱼品质及鱼肉组胺形成的影响，结果表明同种风干方式条件下，随着盐浓度的升高，风干遮目鱼样品的菌落总数、总大肠菌群、TVB-N（挥发性盐基氮）、水分活度、水分含量和 TBA 的值均呈现下降的趋势。

水产品除了有上述处理方式之外，经常会在熟化处理前进行脱腥处理。

明庭红等研究植物乳杆菌发酵草鱼的脱腥增香效果，发现发酵 120h 后草鱼肉中的主要腥味物壬醛和 2,4-癸二烯醛等逐步减少，脱腥增香效果显著。

唐凤丽通过对糖醋鲤鱼加工过程中的脱腥工艺、油炸工艺和杀菌工艺等进行研究，得到方便性好，货架期长，营养、风味和口感都能较好保持且适合工业化生产的可常温保藏即食糖醋鲤鱼产品。其研究结果发现，采用微生物法脱腥效果要优于化学法和物理法，在鱼块大小约为 3cm×3cm×1.5cm 时，采用 0.6% 酵母粉和 4.0% 食盐腌制液腌制脱腥 2h，可以获得较好的口感和脱腥效果。

在研究采用不同脱腥液对鲟鱼片进行脱腥处理的过程中，张含昆发现生鱼片的感官评价中，3% 食盐溶液处理的鱼肉和复合磷酸盐＋食盐溶液处理的鱼肉脱腥效果评分相近。

嫩化也是肉制品在熟化处理前的重要步骤。国内外肉品学者进行大量研究后提出：横纹肌肌原纤维碎片化和肌肉纤维完整性的丧失是肉质改善的根本原因。

苏婕妤发现干燥和高压处理等加工方式均使肉的肌节收缩，肌原纤维断裂，肌纤维完整性破坏，因此它们在一定程度上嫩化了肉。

聂相珍在研究雪菜肉丝盖浇方便面浇头的过程中，在对肉丝进行嫩化处理的过程中，发现首先对三聚磷酸钠（STP）、焦磷酸钠（SAP）和六偏磷酸钠（HMP）三种磷酸盐对肉丝的保水效果进行正交试验，发现当 STP 的添加浓度为 0.15%、SAP 为 0.2%、HMP 为 0.2% 时，肉丝的保水效果较好；接着将 SAP、HMP、STP 以 1∶1∶0.75 的比例混合成复合磷酸盐进行保水实验。实验发现，复合磷酸盐的浓度越高，其保水效果越好。

挂糊的基质原料可为畜禽肉类、水产鱼虾类、蔬果类等原料，一般适用于成形较大的原料，可为经过刀工处理的块、条、片等，也可为完整的鱼虾等整形原料。挂糊的浆糊或干粉糊黏性和稠度较大，挂糊较厚，成品成形大，适用于蒸、煎、煮、炸、烩、炒、熘等烹饪处理。研究发现糊成分能显著影响挂糊油炸食品的吸油率及外壳脆性，提高小麦淀粉交联度，抗性淀粉的使用能显著提高油炸食品的外壳脆度；糊中面筋含量的增高，直链淀粉含量的增加，面粉中灰分含量的降低，均能降低挂糊油炸食品的吸油率。

殷方玉对水滑肉的加工工艺、保藏等方面进行相关研究，探究了糊组分（盐、水、蛋清）对挂糊效果的影响并优化了糊配方，在最佳配比下，水滑肉挂糊的黏度值为 91.24mPa·s、挂糊量为 0.45g·g^{-1}、感官评分为 22.33 分，获得的挂糊效果最好。

熊汉琴通过响应面法优化了滑肉的原料工艺参数，添加香菇提高了传统滑肉的营养品质。

综上可知，原料的预处理方式也会对其品质产生显著的影响，进而影响后续加工、储运、贮藏及复热过程中的菜品品质。

3.4 原料熟化对预制菜品质的影响

预制菜的颜色、口感、滋味是预制菜风味研究的主要内容。其中，蔬菜类原料加工过程要注意护色与保脆，蔬菜类原料中含有叶绿素、胡萝卜素、花青素等天然色素，这些物质容易受热、光、酸碱影响，颜色发生变化，影响预制菜的色泽。烹饪方式与时间直接影响到蔬菜的脆嫩口感，如添加青椒配料的回锅肉预制菜可采取短时漂烫加弱碱处理（如加少量食用小苏打）方式来使青椒仍保持脆嫩鲜绿。

蔬菜水处理又分为烫漂（焯水）和水煮，其目的就是使原料变得半熟或者全熟，从而可以为正式的烹调节约时间。此外，还会有一些其他的附带变化，比如易刮洗、易去皮壳等，烫漂和水煮可以改变原料不适应菜肴的滋味。

张京芳等探讨了不同烫漂（焯水）和干制方法对宽菜和荠菜中叶绿素、抗坏血酸和 β-胡萝卜素含量的影响。结果表明，用 93℃±2℃ 的偏亚硫酸氢钾烫漂 1min，以上化学成分保存率最高。

Oboh 等将 8 种经常食用的尼日利亚绿叶蔬菜分别在沸水下漂烫 5min，烫漂后测定其中抗氧化性物质成分含量，并与新鲜未经过烫漂的蔬菜的抗氧化性进行比较，结果表明烫漂虽然大大降低了绿色叶用蔬菜的抗氧化性，但却增加了其风味并减少了毒性。

卢健萍研究了芹菜、胡萝卜和莲藕的最佳熟化条件发现，结合熟处理后蔬菜的感官品质、质地（硬度、巧嚼性）以及营养品质等指标，研究三种蔬菜的最适合熟处理工艺得到结论，芹菜适合水油焯工艺，胡萝卜和莲藕适合焯水工艺。

陶天艺等研究发现对新鲜双孢蘑菇单独实施低温漂烫或超声浸渍，再进行炒制，会显著降低炒制以后双孢蘑菇的色值（L^*）和硬度值（$p<0.05$）。对新鲜双孢蘑菇进行 5g/L 柠檬酸、10g/L 氯化钙、65℃、超声浸渍 15min 的联合预处理，能够显著提升炒制后菜肴中双孢蘑菇的色值和硬度（$p<0.05$），联合预处理对经高温炒制后的双孢蘑菇仍然有效。菜肴中双孢蘑菇主要挥发性风味是苯甲醇、苯甲醛、苯乙醛、1-辛烯-3 醇、3-辛酮等，联合预处理能显著

增加特征挥发性成分含量（$p<0.05$），减少反，反-2,4-癸二烯醛等致癌性不良风味产生。

畜禽肉制品是预制菜品原料中的重要组成部分。因此，多数研究集中于对畜禽肉制品熟化处理中品质变化的研究。

彭婷婷等研究了扒鸡加工过程中营养与食用品质的特性，结果表明，扒鸡加工过程中水分含量呈下降趋势（$p<0.05$），蛋白质相对含量升高，绝对含量有所降低，脂肪含量油炸后最高，煮制之后又有所下降，煮制环节对蛋白质、脂肪含量影响较大。游离氨基酸（FAA）含量在加工过程中逐渐降低，腌制、煮制环节对其影响均较为显著（$p<0.05$）。脂肪酸构成中不饱和脂肪酸所占比例有所升高，煮制环节对其影响较为显著（$p<0.05$）。矿物质元素含量变化不显著，Na、Cu、Mn含量有所升高。因此，经过加工后扒鸡的营养成分相应提高，更适合人体对营养的需要，煮制环节对扒鸡加工过程中营养成分影响最大，而腌制环节游离氨基酸有所损失，对其它营养成分影响不大。

Zhang等研究不同真空低温蒸煮温度和时间对鸭肉品质的影响，结果表明真空低温蒸煮改善了鸭肉的嫩度，鸭肉在70℃蒸煮6h或12h具有更好的感官特性和风味，但蒸煮时间的延长会导致更高的烹饪损失。由此可知，适度的真空低温蒸煮温度和时间对肉的感官、风味、质地等品质有更好的影响。蒸煮温度过高或蒸煮时间过长都不利于肉的出品率。在道口烧鸡（以罗斯308肉鸡为原料）的制备过程中，油炸时间延长，会使植物油氧化加快，使鸡肉中美拉德反应加快和焦糖化反应加剧，从45s到75s随着油炸时间的延长，色泽、外观、滋味、香味、嫩度、可接受性、感官总得分增加，而75～90s差异不大，比较稳定，超过90s，随着油炸时间的延长，焦糖化反应加剧，产生不愉快的风味。在随后的煮制过程中，加热时间为80min时能使道口烧鸡具有良好的色泽、外观、香味、滋味、可接受性，鸡肉的感官得分也最高，当加热时间超过80min时，鸡肉的品质下降，肉中营养成分流失较多，造成感官得分下降。

刘树萍等研究油炸对挂糊里脊肉品质的影响，得出最佳的第一次油炸温度为180℃，时间为110s；最佳的复炸油温为195℃，时间为115s，在此条件下炸出的里脊肉色泽、香气、口感均优。

Li等研究结果表明与蒸煮加热相比，微波加热可以使牦牛肉蛋白质快速变性，缩短热加工时间，改善肉的质构，同时微波加热具有更好的整体风味，但微波处理增加了蒸煮损失且对色泽没有显著的积极作用。

在腊肉的处理中，陈新欣以切片后腿腊肉为研究对象，分别采用煮制（100℃）、蒸制、浸泡（80℃）、过热蒸汽（150℃）四种方式对腊肉原料处理10min，测定不同预处理后切片腊肉的感官指标、理化指标及挥发性风味物质等。实验结果表明：煮制后的切片腊肉营养损失最大，蛋白质、脂肪含量、灰分和食盐含量分别降低了 17.10％、30.41％、80.2％和 85.24％，蒸制后的腊肉营养损失最小。过热蒸汽热处理、蒸制后的腊肉红度值（a^*）显著高于其他处理方式，色泽更佳；浸泡后的腊肉 a^* 值最低，色泽较差。从原料腊肉和经煮制、蒸制、浸泡、过热蒸汽热处理后的腊肉中分别鉴定出挥发性风味物质 61 种、44 种、55 种、53 种、59 种，利用电子鼻和 PCA 分析发现不同处理组之间风味成分具有一定差异。蒸制后腊肉感官评分最优。综合实验结果选择蒸制为腊肉预处理方式。

红烧肉是中国传统特色菜肴的典型代表，其独特的口感和美味主要依赖于脂肪层的品质特性，通过测定理化指标和质构特性、观察微观组织结构，分析红烧肉脂肪层质地特性及其成因，结果表明，红烧肉脂肪层的脂肪含量为 73.68％，水分含量为 10.34％，结构特性为低硬度、低咀嚼度、低恢复性、较高弹性以及适宜的黏附性；加热过程中脂肪层组织结构破坏引起细胞破裂、骨架蛋白分解，进而导致其脂肪含量显著降低，并形成柔软的质地特性，这是红烧肉入口即化、肥而不腻的主要原因。

水产原料通常是高端预制菜品的必备原料。由于其原料的特殊性，其在加工熟化过程中的品质变化也是人们研究的重点。

汤凤雨研究了糖醋鲤鱼预干燥及油炸工艺，结果表明，通过干燥脱水降低鱼块水分含量可以显著降低鱼块油炸含油率，提高鱼块的质构和感官品质，同时可以降低油炸时油的氧化，延长油的使用寿命，确定了预干燥最佳温度为 40～50℃，鱼块最佳干燥程度为水分含量 70％，油炸的最佳温度 180～200℃。

在热熏鲟鱼的过程中，李晓燕等对热熏鲟鱼加工过程中的品质（水分、盐分、TVB-N、PI、TBA、LOX、细菌总数）变化进行研究，分析得出，鲟鱼加工过程中水分呈降低趋势，最终含量达 56.84％，盐分呈升高趋势，最终为 2.66％；TVB-N 值先降低后缓慢升高至 12.33mg/100g，低于安全限量，因此烟熏工艺不会使鲟鱼鱼肉鲜度发生太大变化；风干过程 PI 值最高为 7.913，蛋白质水解主要发生在风干过程；TBA 值在腌制及风干过程中上升，风干后达到最高峰值 4.706mg/kg，熏制后降至 1.923mg/kg，LOX 值先升高随后逐渐降低至 182U，结合 TBA 值及 LOX 值，说明脂肪氧化主要发生在腌制及风干过程中，烟熏过程对于鱼肉脂肪酸氧化酸败具有明显的抑制作用；微生物菌落数逐渐减少，最终产品未检出，热熏鲟鱼的关键加工工序能够逐渐杀灭鱼肉表面及内部的微生物。

陈茹采用加热方式处理鲢鱼鱼丸，当加热时间相同时，随着凝胶化温度的增加，鲢鱼鱼丸的白度、凝胶强度、保水性、硬度、胶着性、咀嚼性及感官评价呈现先增加后降低的趋势，当加热温度为40℃时，鲢鱼鱼丸的这些品质指标达到最大值。在温度相同时，各组鲢鱼鱼丸指标变化随时间的变化趋势不一致，当凝胶化温度为35℃和40℃时，鲢鱼鱼丸的白度、凝胶强度、保水性、硬度、胶着性和咀嚼性随加热时间的增加而增加。当加热温度为45℃时，鲢鱼鱼丸的白度随加热时间的增加呈现先增加后降低的趋势，凝胶强度、保水性、硬度、胶着性和咀嚼性随加热时间的增加而增加。当凝胶化温度为50℃时，鲢鱼鱼丸随加热时间的增加其白度、凝胶强度、保水性总体呈下降的趋势，硬度、胶着性和咀嚼性随加热时间的增加呈现先增加后降低的趋势。但凝胶化加热温度和时间对鲢鱼鱼丸的内聚性和弹性影响均不大。微观结构结果表明，在40℃凝胶化温度条件下，鲢鱼鱼丸孔洞较小且表面平整，且随着凝胶化时间的增加，鲢鱼鱼丸结构更加致密。

随着人们生活品质的提升，健康汤品也成为预制菜肴的重要消费品类之一，而不同的烹饪方式、加工参数和原料的储藏方式等均对其风味和滋味具有显著的影响。

鱼汤是中国人民喜爱的传统食品，其口感鲜美，香味浓郁，营养丰富且易吸收，是一种绿色、营养、健康的美味食品。综合分析油煎与煮制过程所形成的挥发性物质，研究烹煮草鱼汤风味挥发性成分形成过程，结果表明：脂肪氧化是油煎过程风味挥发性成分形成的主要原因，油煎是启动脂肪氧化并形成风味化合物的重要条件，吡嗪等成分的形成说明油煎过程中发生了少量美拉德反应；煮制是鱼汤中风味挥发性化合物种类不断丰富和含量不断平衡的过程，煮制第一阶段鱼汤中形成了大量的萜类及含硫化合物，主要来源于调料生姜与大蒜，形成的少量的醇类及羰基化合物主要产生于脂肪氧化；煮制第二阶段萜类及含硫化合物含量减少，醛、醇、酮等风味化合物含量及种类与第一阶段基本持平，风味物质的形成与挥发处于平衡状态；煮制第三阶段萜类化合物与含硫化合物在鱼汤中的浓度基本达到平衡，脂肪氧化类风味挥发性成分形成速度加快，醇及羰基化合物尤其醛类化合物数量及含量显著增加，大量新的风味成分形成，各类风味物质在第三阶段比例达到均衡与协调的状态。

赵芩等研究了常压与高压2种熬煮方法对鸡汤中挥发性风味物质的影响，发现高压熬煮的鸡汤滋味更加浓郁。

Qi Jun等研究炖煮时间（1h、2h、3h）对中国黄羽肉鸡整体风味特征的影响，结果表明，鸡肉在炖煮3h左右香味成分含量最高，炖煮2h左右风味趋于稳定，延长炖煮时间可以改善鸡汤的香气但会降低汤中风味成分含量。

Zhang Man等研究传统陶土炖锅、商用陶瓷电炖锅和低温模式（80~90℃加热）3种加热方式对鸡汤质量的影响，研究发现，低温模式下所制成鸡汤中的主要香气物质、呈鲜氨基酸与肌苷酸（inosine monophosphate，IMP）

含量均高于传统陶土炖锅与商用陶瓷电炖锅烹饪的鸡汤,同时表现出风味更好、滋味改善、异味降低等特点。

随着食品加工产业的迅猛发展,汤品种类会不断涌现,现代的科技分析方法会从多方面更加系统阐述及揭示汤制品在生产加工、香气形成、滋味融合以及分子间相互协调中的机制与进程关联。

3.5 复热过程对预制菜品质的影响

大多数预制调理品通过冷链进行供应,并且我国消费者对预制调理品也有热食的习惯,因此消费者在食用前大多进行二次加热,即复热。食用前进行复热,不仅可以激发食物本源的香气,同时也可以起到二次杀菌的作用。

吕翡燕等探究微波复热前后菌菇煲中的营养物质及风味成分等变化,结果发现,菌菇煲中的蛋白质含量在复热前后没有明显的变化,而多糖含量经复热后明显增加;经微波复热后,菌菇煲中的氨基酸含量、核苷酸含量、酚类物质和黄酮类物质均显著减少。

昝博文等采用工业化工艺制作调理菜肴酱肉丝,研究食用前微波复热对产品品质的影响,通过单因素试验改变复热时间和复热功率,测定感官品质、汁液流失率、水分含量、剪切力、风味和滋味的变化。结果表明:复热后的酱肉丝感官评分、剪切力随复热功率的增加和复热时间的增加呈现先增加后减小的趋势;汁液流失率和水分含量随复热功率和复热时间的增加而减小。

石长波等以软炸里脊方便菜肴为实验对象,研究了微波复热功率与时间对其食用品质的影响。结果表明,随着微波复热功率的升高与微波复热时间的延长,软炸里脊方便菜肴的水分含量与出品率均呈逐渐下降的趋势,剪切力值呈先下降后升高的趋势。当微波复热功率为720W、微波复热时间为60s时,软炸里脊方便菜肴的水分含量与出品率较高,剪切力值最低,肉质嫩,口感好,色泽鲜黄明亮,富有食欲。

不同复热功率和复热时间的酱肉丝风味物质种类及数量差异不显著,但含量差异显著;复热功率和复热时间主要对滋味中的鲜味影响显著。复热功率720W、复热时间80s时产品的品质最佳,此时复热的产品肉丝色泽酱红,光泽明亮,肉质细嫩,汁液流失率适中,对猪肉风味影响较大的醛类、醇类的绝对含量较高。不同复热方式对预制菜肴品质的影响存在显著性差异。

刘艳芳等比较蒸汽、微波和烤箱复热对冻藏的广式莲蓉包品质的影响,结果发现,经过蒸汽复热后的莲蓉包各层湿基含水率基本接近新鲜包点。与其他几种复热方式对比发现,蒸汽复热后广式莲蓉包的硬度和咀嚼性最小,弹性和恢复性最大，感官总分最高。

常海军等比较水浴加热和微波加热对牛肉肌内胶原蛋白特性及其肉品质的影响。结果发现，水浴加热对牛半腱肌内膜的热稳定影响大于微波加热，对肌束膜结构的破坏较微波加热严重。

李建英研究了不同复热方式对土豆烧牛肉菜肴贮藏期间牛肉、土豆和汤汁组分的品质影响，结果表明经直火复热后的菜肴整体感官评价较好，牛肉色泽较好，土豆硬度值较高，汤汁中的特征性风味物质含量较高，土豆和汤汁的特征性滋味物质较丰富；水浴复热后的菜肴整体感官评价较好，土豆色泽较好，牛肉和土豆中的特征性风味物质含量较高；微波复热后的牛肉特征性滋味物质较丰富，但牛肉的脂质氧化程度高；蒸汽复热后的牛肉较嫩，蛋白质氧化程度低，但牛肉、土豆和汤汁的风味与滋味特征不显著。因此，直火和水浴复热可作为土豆烧牛肉菜肴较为理想的复热方式。

陈乐通过比较蒸汽复热、微波复热、直火复热和水浴复热方式对不同冷冻时间（0d、15d、30d、60d、90d）西红柿炖牛腩菜肴的品质变化。实验结果表明，在感官评价方面，直火复热组的感官评分最高；在色泽方面，随着贮藏时间的延长，牛腩的亮度值（L^*）在逐渐下降，且四种方式中都是直火复热组的亮度值（L^*）较高；红度值（a^*）在经过四种不同复热方式后，无明显差异（$p>0.05$）；黄度值（b^*）在逐渐下降，且四种方式中都是直火复热组的黄度值（b^*）较高，说明直火复热能产生较好的感官体验，可以较好地保持菜肴的亮度值和黄度值，复热方式对菜肴的红绿值无太大影响。在质构方面，经过直火复热处理后的牛腩硬度最小，咀嚼性和弹性最大；在剪切力方面，直火复热后牛腩具有更好的嫩度品质；在pH值方面，直火复热组的pH值最低；在气味方面，电子鼻能够有效区分5个时间点的西红柿炖牛腩菜肴，且区分度较好，呈现了一定的区域性。此外，同一时间内用四种复热方式加热的西红柿炖牛腩菜肴的牛腩风味有部分重叠，说明同一贮藏时间内的西红柿炖牛腩菜肴的牛腩香气成分较为接近，不同贮藏时间西红柿炖牛腩菜肴的牛腩风味相距较远，说明不同贮藏时间的西红柿炖牛腩菜肴的牛腩香气成分有一定差异。经过气相色谱-质谱（GC-MS）测定，直火复热组可以保持较多风味物质的种类；在滋味方面，在每个贮藏时间点直火复热组在滋味传感器上表现出强烈的酸味和鲜味特征，说明直火复热是西红柿炖牛腩菜肴较好的一种复热方式；在游离氨基酸方面，鲜味氨基酸、甜味氨基酸、苦味氨基酸和无味氨基酸均是直火复热组的游离氨基酸含量相对较高；在核苷酸方面，直火复热有助于呈味核苷酸的释放；在脂肪氧化方面，在合理的范围内，直火复热的方式能相对减小脂肪氧化的程度；在蛋白质氧化方面，四种方式中直火复热的蛋白质氧化程度相对较轻。

由此可见,不同的原料、菜肴类型需针对性选择其复热方式。

3.6 新型食品加工技术

预制菜肴的香气和滋味保留是其品质提升的重要方面,加工的条件越温和、时间越短,对风味和香气成分的损耗越小。除了传统热加工,微波辅助高温加工和微波辅助巴氏热加工技术,不但可以杀菌确保食品安全,还能保留多组分菜肴的品质和营养。研究表明:经过微波辅助热加工的红薯泥和土豆泥,其维生素保留明显优于传统高温加工。超高压加工特别适合即食肉类和海鲜,与传统热加工相比,其对颜色、质构和感官品质的影响均降到了最低。例如,超高压前后的即食醉虾或小龙虾均显示较小的颜色差别。这些研究均表明:多元物理场辅助热加工是可用于烹饪熟化的新型加工技术,其还可以与预处理技术联用达到更好的效果。

参考文献

[1] 王娟,高群玉,娄文勇.我国预制菜行业的发展现状及趋势[J].现代食品科技,2023(39):99-103.

[2] 张德权,刘欢,孙祥祥,等.预制菜肴工业化加工技术现状与趋势分析[J].中国食品学报,2022(22):1-5.

[3] 曾璐瑶,王海滨,廖鄂,等.畜禽类预制菜加工技术研究进展[J].食品工业科技,2023(44):490-499.

[4] 李敏.腊鱼腌制过程中内源蛋白酶的变化及其对品质的影响[D].武汉:华中农业大学,2014.

[5] 张金晖,赵钜阳,李华烨,等.预腌制配料对大麻哈鱼肉品质的影响[J].中国调味品,2019(44):26-30.

[6] Chao Buwei Yang. How to cook and eat in Chinese [M]. Echo Point Books & Media, LLC, 2022.

[7] Santana Neto Deocleciano C De, Cordeiro Ângela M T M, Meireles Bruno R L A, et al. Inhibition of protein and lipid oxidation in ready-to-eat chicken patties by a spondias mombin L. Bagasse Phenolic-Rich Extract [J]. Foods, 2021 (10): 1338.

[8] 张宇昊,陈海.川渝预制菜产业现状与发展路径分析[J].中国食品学报,2022(22):9-15.

[9] 刘海峰.肉制品的腌制工艺[J].肉类工业,2000(9):12-14.

[10] 张军文,陈庆余,欧阳杰,等.中国淡水鱼前处理加工技术研究进展[J].安徽农业科学,

[11] 李满雄，李水红，熊巍，等．淡水鱼预制菜加工技术研究进展［J］．食品安全导刊，2021（34）：128-130．

[12] 叶翠，张香美，卢涵，等．肉制品发酵剂研究现状与趋势［J］．食品科技，2019（44）：290-294．

[13] 张根生，潘雷，岳晓霞，等．发酵肉制品加工过程中风味物质形成和影响因素研究进展［J］．中国调味品，2022（1）：200-205．

[14] 杨铭铎，缑仲轩．烹调中挂糊工艺与原料成分变化关系的研究［J］．食品科学，1995（2）：45-48．

[15] 杨铭铎，刘洋，张令文，等．蛋清糊物理特性及其对油炸猪肉片品质的影响［J］．肉类研究，2011（25）：1-5．

[16] 黄晓婷．预制菜产业概况及加工技术研究进展［J］．现代食品，2022（17）：69-72．

[17] 赵钜阳，王萌，石长波．菜肴类预制调理食品的开发及品质研究进展［J］．中国调味品，2019（8）：193-196．

[18] 谭力，周春霞，洪鹏志．淡水鱼鱼糜制品加工特性及品质影响因素［J］．食品与机械，2018（34）：165-168．

[19] 张含昆．鲟鱼肉冻融稳定性的研究及其调理食品的开发［D］．大连：大连工业大学，2019．

[20] 吴晓蒙，雷饶，张洪超，等．新型食品加工技术提升预制菜肴质量与安全［J］．食品科学技术学报，2022（40）：1-13．

[21] 王乐，闫宇壮，冯国勇，等．食品复热技术发展与应用分析［J］．食品工业，2021（42）：243-248．

[22] 傅丽．烹饪，储藏条件和复热对水晶虾仁品质影响［D］．杭州：浙江大学，2018．

[23] 李建英．土豆烧牛肉菜肴工业化加工工艺研究［D］．银川：宁夏大学，2022．

[24] 薛丹丹．不同品种羊肉烤制特性及烤制适宜性评价研究［D］．北京：中国农业科学院，2012．

[25] 鲁松涛．道口烧鸡风味与品质形成机理初探［D］．郑州：河南农业大学，2011．

[26] 刘芳芳．海水鱼鱼糜加工及凝胶过程中蛋白变化规律的研究［D］．上海：上海海洋大学，2020．

[27] 孔维乾．漂洗与腌制工艺对腊鸭胸肉品质的影响［D］．广州：华南农业大学，2018．

[28] 周志，何义发．土家风味薇菜-腊肉即食食品加工工艺及质量控制［J］．食品科学，2009（24）：84-87．

[29] 瞿丞．食盐添加量和干燥温度对风鸡加工过程中理化特性的影响［D］．重庆：西南大学，2020．

[30] 陈星．酸辣猪肉干加工工艺及产品特性研究［D］．武汉：华中农业大学，2016．

[31] 熊哲民，丽蕊，杨江，等．宣恩火腿的加工工艺和品质特性研究进展［J］．肉类研究，2021（35）：64-70．

[32] 耿翠竹．宣恩火腿加工过程中蛋白质降解规律及其对火腿风味的影响［D］．武汉：武汉轻工大学，2017．

[33] 黎良浩，王永丽，唐静，等．KCl 部分替代 NaCl 对干腌火腿工艺过程中蛋白质水解的影响［J］．食品工业科技，2015（36）：103-107．

[34] Guo L Y, Shao J H, Liu D Y, et al. The distribution of water in pork meat during wet-cu-

ring as studied by low-field NMR [J]. Food Science and Technology Research, 2014 (20): 393-399.

[35] 范露, 冯牛, 许嘉验, 等. 宣恩火腿蛋白质降解规律[J]. 食品工业科技, 2019 (40): 42-46.

[36] 马志方, 张雅玮, 惠腾, 等. 低钠传统金华火腿加工过程中理化特性的变化[J]. 食品工业科技, 2016 (37): 118-123.

[37] 耿翠竹, 季鑫, 王海滨, 等. 宣恩火腿加工过程中理化指标变化的分析[J]. 肉类研究, 2017 (31): 11-15.

[38] 范露, 邱朝坤, 蔡雅琛. 宣恩火腿加工过程中理化特性的变化[J]. 中国食品添加剂, 2019 (30): 120-125.

[39] 张砚亮, 盖辉. 火腿感官指标[J]. 畜牧兽医杂志, 1996 (4): 46.

[40] 崔莹莹. 脂质水解和氧化对湖北传统发酵火腿风味形成的影响[D]. 武汉: 武汉轻工大学, 2016.

[41] 杜垒, 李艳逢, 周光宏, 等. 不同浓度盐水对鸭肉湿腌时传质动力的影响[J]. 食品工业科技, 2011 (6): 79-82.

[42] 郭雅. 不同腌制工艺对风干鳊鱼品质影响研究[D]. 南京: 南京师范大学, 2016.

[43] Wu T, Mao L C. Influences of hot air drying and microwave drying on nutritional and odorous properties of grass carp (Ctenopharyngodon idellus) fillets [J]. Food Chemistry, 2008 (110): 647-653.

[44] Hwang C C, Lin C M, Kung H F, et al. Effect of salt concentrations and drying methods on the quality and formation of histamine in dried milkfish (Chanos chanos) [J]. Food Chemistry, 2012 (135): 839-844.

[45] 明庭红, 裘迪红, 周君, 等. 基于植物乳杆菌发酵草鱼脱腥增香的研究[J]. 中国食品学报, 2017 (10): 202-210.

[46] 汤凤雨. 可常温保藏即食糖醋鲤鱼食品的加工工艺研究[D]. 无锡: 江南大学, 2013.

[47] 钽晓艳, 李新, 廖涛, 等. $CaCl_2$、复合磷酸盐及木瓜蛋白酶对河鲈鱼肉的嫩化作用[J]. 肉类研究, 2015 (29): 24-27.

[48] Ebarb S M, Drouillard J S, Maddock-Carlin K R, et al. Effect of growth-promoting technologies on Longissimus lumborum muscle fiber morphometrics, collagen solubility, and cooked meat tenderness [J]. Journal of Animal Science, 2016 (94): 869-881.

[49] 郎玉苗. 肌纤维类型对牛肉嫩度的影响机制研究[D]. 北京: 中国农业科学院, 2016.

[50] 苏婕妤. 肉干挤压品质变化动力学及其取向机理研究[D]. 贵阳: 贵州大学, 2020.

[51] 聂相珍. 雪菜肉丝盖浇方便面浇头的研制与营养卫生学评价[D]. 扬州: 扬州大学, 2017.

[52] 尹敏. 中式菜肴制作技术[M]. 成都: 四川科学出版社, 2011.

[53] Primo-Martín C. Cross-linking of wheat starch improves the crispness of deep-fried battered food [J]. Food Hydrocolloids, 2012 (28): 53-58.

[54] Pongjaruvat W, Methacanon P, Seetapan N, et al. Influence of pregelatinised tapioca starch and transglutaminase on dough rheology and quality of gluten-free jasmine rice breads [J]. Food Hydrocolloids, 2014 (36): 143-150.

[55] 陈日新, 王昱, 王伟, 等. 抗性淀粉对油炸调理鸡排品质特性的影响[J]. 肉类研究, 2019 (33): 36-41.

[56] 王萍, 孙利芹, 刘慧慧, 等. 裹浆工艺对南极冰鱼香酥鱼块品质的影响 [J]. 食品工业科技, 2019（40）: 159-165.

[57] Gennadios A, Hanna M A, Kurth L B. Application of edible coatings on meats, poultry and seafood: a review [J]. LWT-Food science and Technology, 1997（30）: 337-350.

[58] 张聪, 朱照华. 裹浆的组成与黏度对裹面包屑罗非鱼片品质影响的研究 [J]. 中国食品添加剂, 2019（30）: 55-61.

[59] 殷方玉, 汤高奇, 邵建峰, 等. 糊组分对水滑肉挂糊效果的影响 [J]. 河南农业大学学报, 2017（51）: 717-724.

[60] 熊汉琴, 王向东. "丰城滑肉" 营养食品的开发研究 [J]. 农产品加工（学刊）, 2013（19）: 14-17.

[61] Oboh G. Effect of blanching on the antioxidant properties of some tropical green leafy vegetables [J]. LWT-Food Science and Technology, 2005（38）: 513-517.

[62] 张京芳, 陈锦屏. 烫漂和干制方法对蔬菜某些化学成分的影响 [J]. 西北植物学报, 2002（22）: 416-420.

[63] 芦健萍. 三种蔬菜熟处理工艺优化及短期放置品质变化研究 [D]. 哈尔滨: 哈尔滨商业大学, 2017.

[64] 陶天艺, 裴斐, 方东路, 等. 低温漂烫联合超声浸渍预处理对预制菜肴中双孢蘑菇品质的影响 [J]. 2021（42）: 130-137.

[65] 彭婷婷. 扒鸡加工过程中营养与食用品质及贮藏特性的研究 [D]. 扬州: 扬州大学, 2016.

[66] Zhang M, Chen M F, Fang F, et al. Effect of sous vide cooking treatment on the quality, structural properties and flavor profile of duck meat [J]. International Journal of Gastronomy and Food Science, 2022（29）: 100565.

[67] 刘树萍, 邱雅楠, 张宇晴, 等. 油炸对挂糊里脊肉品质影响的研究 [J]. 肉类工业, 2017（8）: 27-32.

[68] Li S, Tang S H, Yan L G, et al. Effects of microwave heating on physicochemical properties, microstructure and volatile profiles of yak meat [J]. Journal of Applied Animal Research, 2019（47）: 262-272.

[69] 陈新欣. 过热蒸汽在腊肉方便菜肴中的应用研究 [D]. 长沙: 湖南农业大学, 2017.

[70] 谭阳. 红烧肉加工过程脂肪层品质特性变化研究 [D]. 锦州: 渤海大学, 2016.

[71] 李晓燕, 郝淑贤, 李来好, 等. 热熏鲟鱼加工过程中的品质变化 [J]. 食品工业科技, 2015（36）: 73-77.

[72] 陈茹. 鲢鱼鱼丸加工过程中品质变化及货架期模型的研究 [D]. 重庆: 西南大学, 2022.

[73] 李金林. 烹煮草鱼汤风味挥发性成分GC-MS指纹图谱构建及形成机理初探 [D]. 南昌: 江西师范大学, 2017.

[74] 赵芹, 张立彦, 曾清清. 不同熬煮方法对鸡骨汤风味物质的影响 [J]. 食品工业科技, 2015（36）: 314-319.

[75] Qi Jun, Liu Deng-yong, Zhou Guang-hong, et al. Characteristic flavor of traditional soup made by stewing Chinese yellow-feather chickens [J]. Journal of Food Science, 2017（82）: 2031-2040.

[76] Zhang Man, Chen Xiao, Hayat Khizar, et al. Characterization of odor-active compounds of

chicken broth and improved flavor by thermal modulation in electrical stewpots [J]. Food Research International, 2018, 109: 72-81.

[77] 关海宁, 徐筱君, 孙薇婷, 等. 肉汤中特征风味体系的形成机理及分析方法研究进展 [J]. 肉类研究, 2021 (35): 66-73.

[78] 吕翡燕. 烹饪, 贮藏及复热对菌菇煲 (蟹味菇) 品质影响的研究 [D]. 杭州: 浙江工业大学, 2015.

[79] 昝博文, 周星辰, 汪正熙, 等. 微波复热对工业化预调理菜肴酱肉丝品质的影响 [J]. 肉类研究, 2021 (35): 9-15.

[80] 石长波, 王萌, 赵钜阳. 微波复热对软炸里脊方便菜肴品质的影响 [J]. 中国调味品, 2019 (44): 46-49.

[81] 刘艳芳. 冷冻, 贮藏和复热对广式莲蓉包品质的影响研究 [D]. 广州: 华南理工大学, 2015.

[82] 常海军. 不同加工条件下牛肉肌内胶原蛋白特性变化及其对品质影响研究 [D]. 南京: 南京农业大学, 2010.

[83] 陈乐. 西红柿炖牛腩菜肴工业化加工工艺研究 [D]. 银川: 宁夏大学, 2022.

[84] 王雪. 牛羊肉菜肴类方便食品的开发及品质控制 [D]. 哈尔滨: 东北农业大学, 2015.

[85] Tang J M. Unlocking potentials of microwaves for food safety and quality [J]. Journal of food science, 2015 (80): E1776-E1793.

[86] Zhang H C, Patel J, Bhunia K, et al. Color, vitamin C, β-carotene and sensory quality retention in microwave-assisted thermally sterilized sweet potato puree: Effects of polymeric package gas barrier during storage [J]. Food Packaging and Shelf Life, 2019 (21): 100324.

[87] Sonar C R, Parhi A, Liu F, et al. Investigating thermal and storage stability of vitamins in pasteurized mashed potatoes packed in barrier packaging films [J]. Food Packaging and Shelf Life, 2020 (24): 100486.

[88] Orel R, Tabilo-Munizaga G, Cepero-Betancourt Y, et al. Effects of high hydrostatic pressure processing and sodium reduction on physicochemical properties, sensory quality, and microbiological shelf life of ready-to-eat chicken breasts [J]. LWT, 2020 (127): 109352.

[89] Yi J J, Zhang L, Ding G W, et al. High hydrostatic pressure and thermal treatments for ready-to-eat wine-marinated shrimp: An evaluation of microbiological and physicochemical qualities [J]. Innovative Food Science & Emerging Technologies, 2013 (20): 16-23.

[90] 李肖婵, 林琳, 朱亚军, 等. 巴氏杀菌和超高压杀菌对即食小龙虾货架期的影响 [J]. 渔业现代化, 2020 (47): 83-88.

[91] 魏亚青, 唐彬, 张洪翠, 等. 姜蒜提取物对微波间歇处理麻辣鸡块的辅助保鲜作用 [J]. 包装工程, 2018 (39): 102-110.

第4章

预制菜加工关键技术

4.1 肉品品质评价技术

肉品品质评价技术主要包括对肉类口感、风味、嫩度、颜色和多汁性、感官评价及其安全品质等提供可靠准确分析的一种技术,是建立客观评价肉品品质特征的重要参考,是评价预制菜商品价值的一种手段。

肉品品质评价技术原理主要包括建立肉品营养品质量化评价模型、构建原配料标准、加工工艺标准、成品营养与味觉指纹图谱品质标准体系,建立特征风味数据库并进行综合评价。肉制品品质是指与鲜肉或加工肉的外观、口感和营养价值等有关理化性质的综合指标,主要内容包括5个方面:感官评价、营养指纹图谱、食用安全标准、加工工艺标准、原配料标准(图4-1)。

目前对肉品品质的评价有主观评分和客观分析两种方法,人为的感官评分

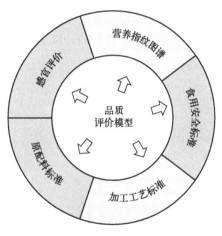

图4-1 肉品品质评价标准图

(外观、嫩度、多汁性、质地和风味等)仍占有重要位置。消费者主要通过感官品质来判断肉品质量,感官评定是评价食用品质最直接的方法,在肉制品的产品检测、品质控制实践中的具体应用较多。感官评价和客观评价之间具有一定的相关性,但是感官评定的缺点必须依靠仪器测定的准确性来弥补,利用仪器测定对感官性状进行检测是食品质量评价领域研究的热点,也是品质评价技术的主要内容。仪器测定值与感官测定值间的线性相关是构建预测模型的数学

基础。

近年来，预制菜产业迅速发展，尤其是质量认证体系在全社会范围内逐渐推广，食品品质评价标准和评定体系也得到了一定的完善和发展。未来利用建立的预制菜营养品质量化评价模型，构建原配料标准、加工工艺标准、成品营养与味觉指纹图谱品质标准体系，以及不同菜系特征风味数据库的评价技术方法和理论，获得一套准确表达食品感官指标的量值，应用于预制菜产业实际生产中，能够实现客观方法代替主观方法的变革，将促进预制菜标准化发展。

4.2 速冻技术

食品速冻技术是指利用现代冻结技术，将食品温度迅速降低到冻结点以下，一般是在 20~60min 内将食品的中心温度降到 −18℃ 以下的冻结技术，使食品中水分随着内部热量的外散形成微小冰晶体，不严重损伤细胞组织，以达到营养成分不流失，保存食品滋味与香味，并延长保存时间的目的（图 4-2）。通常把冻结速度分成 4 种：慢速冻结（冻结速度低于 1mm/h）、中速冻结（冻结速度为 1~5mm/h）、快速冻结（冻结速度为 5~100mm/h）和超快速冻结（冻结速度＞100mm/h），以上冻结均指在低沸点溶液中的冻结。

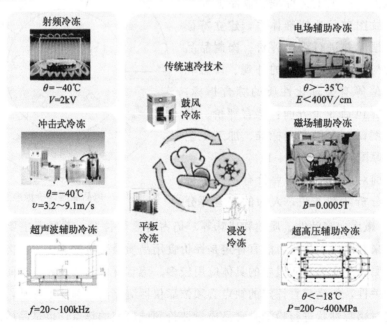

图 4-2 常用的冷冻技术

食品速冻技术根据冷却介质不同分为：气流速冻技术和液体速冻技术。气流速冻属于传统方式，冷冻的低温主要是由制冷压缩机来实现的。液体速冻的低温是由冷媒主要包括低温冷冻液、液氮和液态 CO_2 来实现的。近年来国内外学者为有效提升降温速度、改善冻品品质，研发了新型速冻技术手段来辅助冻结食品过程，包括磁场、电场、超声、高压等辅助冷冻技术。

食品速冻技术保鲜的原理是：食品中的微生物在冰点以下停止生长，食品中的酶活力和食品呼吸作用在冰点以下受到抑制的作用。对于动物性食品，变质的主要原因是微生物和酶的作用，当食品在低温下发生冻结后，其水分结晶成冰，微生物的活力丧失且不能繁殖，酶反应也受到严重抑制，一般动物性食品可以通过低温来维持新鲜状态；对于植物性食品，变质的主要原因是采后呼吸作用，低温能够减弱新鲜果蔬的呼吸作用，延长贮藏时间。

近年来，随着人们生活水平的提高、工作和生活节奏的加快，主食产品工业化、家庭厨房社会化、快餐食品调理化、食品工业标准化已逐渐成为市场需求的热点。消费者对安全、卫生、营养、方便的预制菜品需求越来越大。速冻技术的独特优点在于完全以低温来保持食品的原鲜品质——不借助防腐剂和添加剂，最大限度地保存食品营养，具有卫生、健康、营养、方便和经济实惠（淡旺季错峰销售，"削峰填谷"，提升食品市场价值，创造更高效益）、降低损耗等优点。利用速冻技术迅速将预制菜原料或产品的温度降低至冰点以下，减少因食物腐败、变质造成的损耗和浪费，最大限度地解决保存时间及有效运输半径对食品加工和餐饮服务等行业发展的制约，以及抵抗区域性、季节性、结构性等内在因素所产生的农产品价格市场波动风险，拓展了产品的销售渠道，在降低销售风险的同时还可增加销售利润，具有广阔的商业应用场景。

4.3 腌制技术

腌制是一种以添加食盐、亚硝酸盐、复合磷酸盐等添加剂浸渍食品的加工技术，是预制菜工业化加工过程中的重要环节之一（图 4-3）。腌制是现代畜禽水产肉类加工中经常采用的方法，提高腌制速度、缩短生产周期、提高肉品品质和安全性、节约能源等方面是腌制技术研究应用的核心。

随着肉制品加工技术的不断发展，人们对肉的腌制有了新的认识，腌制除了能够延长肉的贮藏期外，对肉制品的加工工艺和产品特征有重要作用，比如提高肉的保水性、凝胶性以及改善肉的色泽、增加肉的香味等。腌制方法有干腌法、湿腌法、注射腌制法、混合腌制法、真空腌制法等多种，在实际生产中

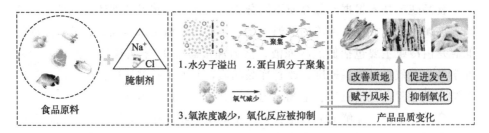

图 4-3 腌制技术作用原理

主要根据工厂环境、生产设备、加工产品质量要求等选择合适的腌制方法。常用的腌制剂有食盐、糖、酒、磷酸盐、香辛料等。食盐作为腌制剂，其主要作用之一就是促进肌肉组织中的盐溶性蛋白质的溶出，能够增加肌肉颗粒的黏合作用，提高乳化性和保水性，降低蒸煮损失，从而提高最终产品的品质特性。腌制过程中添加香辛料或香辛料提取液除了赋予肉品特有的风味以外，还具有一定的抗氧化和抑制腐败效果。

结合生产设备提高腌制速率、腌制均匀性是预制菜加工中的常用方法。如果腌制过程中没有能够促进食盐快速渗透的有效手段，就会造成食盐渗透缓慢、腌制时间过长等一系列问题，从而影响产品品质，甚至导致原料肉腐败变质。食盐浓度、腌制温度是影响腌制速率的主要因素。滚揉、超声、高压设备是目前研究与应用较多的腌制设备。滚揉是一种动态腌制工艺，通过较强的机械力作用造成肌肉纤维断裂和肌细胞物理性损伤，同时促进食盐等腌制液的渗透，并能减少腌制过程中细胞内水分的损失，降低蒸煮损失，提高产品嫩度，目前已被广泛应用于实际生产中。滚揉方法有真空滚揉、变压滚揉、超声波辅助滚揉，目前较成熟的滚揉工艺是真空滚揉。

李鹏等研究表明，超声波辅助变压滚揉处理通过改变蛋白质结构和水分状态分布，来加速鸭肉产品生产过程的腌制效率，改善嫩度，提高保水性。

王逸鑫等研究表明，超声波辅助腌制促进青鱼腌制品鲜甜味游离氨基酸含量的增加，核苷酸中肌苷酸含量较高，对腌制品滋味起到积极作用。

张东等研究了不同腌制方式对猪肉腌制速率及肉质的影响，结果表明，脉动真空滚揉、真空滚揉与常压滚揉的腌制液吸收百分比高于常压液腌，其中脉动真空滚揉腌制的腌制液吸收百分比最大；脉动真空滚揉腌制后的蒸煮损失与剪切力跟其他 3 种腌制方式相比最小；在达到相同的食盐含量时，脉动真空滚揉腌制所需要的时间最短。

宋玉等采用湿腌、干腌及超声辅助腌制 3 种方式对猪肉进行腌制处理，发现不同腌制方式对煮制猪肉品质特性（色泽、质构、保水性）影响显著，其中超声腌制改变了蛋白质的空间结构,增加了蛋白质聚集程度。

4.4 非热加工技术

非热加工技术指不直接对食品加热,而是所施加的力通常会在局部产生强烈的热量,从而可以使食品内外组织受热的技术(图4-4)。与传统的热加工相比,非热加工可使大多数病原微生物或腐败微生物致死,并使酶失活,最大限度地减少了食品的味道、颜色、质地、营养物质和热不稳定功能成分的损失,在食品加工领域被广泛应用。

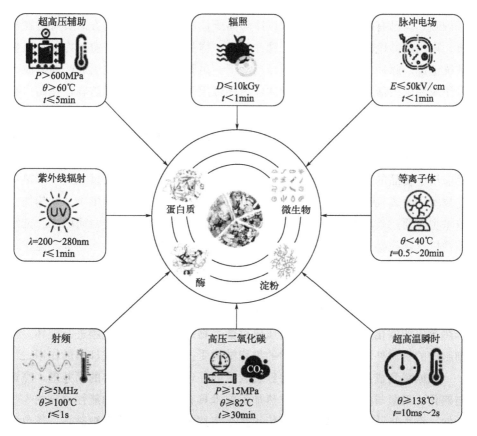

图4-4 非热加工技术灭菌原理

非热加工技术包括超高压技术、脉冲电场技术、冷等离子体技术、超声波技术、球磨技术、辐照技术、紫外线技术等。在食品加工过程中,非热加工技术主要用于杀菌与钝酶。超高压是指将待处理物料置于密闭的高压容器中,在一定温度、适当时间内(20~40min)对样品持续施加100~1000MPa的压强，达到钝化酶类、改善食品品质与特性的目的，有助于保持食品的口感、营养和色泽。超声波通过产生的空化效应使介质分子之间出现挤压现象，当压力足够大时，介质之间发生急剧拉扯，进而产生空化气泡，所产生的能量使生物大分子物质之间的次级键发生断裂，从而使它们的高级结构发生改变。在食品加工中可用于提高物料的浸渍效果、乳化、分散、杀菌和酶解等。辐照主要是利用电离或非电离辐射所产生的活化原子或分子对物料进行处理，辐射源并不与食品直接接触，对食物的色泽、风味影响较小，可用于食品的杀菌、延长保质期。但在食品加工过程中，国家标准中确定使用的电离辐射源在10kGy以下的辐照为安全剂量。等离子体是一种中性电离气体，由光子、电子、正负离子、原子、激发和非激发分子等粒子组成，是不同于固态、液态和气态的物质"第四态"。已有研究表明，大气压冷等离子体在食品杀菌钝酶方面具有潜在价值。高压脉冲电场主要由电源、脉冲装置、样品处理室、杀菌室、冷却和温控系统组成。脉冲电场在常温或制冷温度下，由脉冲和力学效应引起的冲击波可以使酶发生失活。除此之外，脉冲电场还可用于食品的杀菌和防腐，提高产品的保质期和安全性。

与传统热加工技术相比，非热加工技术具有杀菌温度低、能更好保持食品固有营养成分和感官特性、保障食品安全等特点。近年来，非热加工技术被广泛应用于食品的加工、保鲜及微生物安全防控等方面。在加工过程中，非热加工技术主要表现在对食品的酶活性、蛋白质以及淀粉等成分的影响。非热加工技术主要通过破坏酶分子的空间构象来影响酶活；通过改变蛋白质的二、三级结构以达到改善蛋白质亲水性、起泡性、乳化性、凝胶性、持水性等功能特性的目的。淀粉经非热技术改性后，颗粒形态、颗粒晶型、颗粒结晶度以及颗粒螺旋结构等结构特性发生改变，影响淀粉的糊化、老化、溶解性以及消化率等功能特性，提高淀粉的实际应用。在保鲜和微生物安全防控方面，主要是利用非热效应如空化效应，射线、高压等对微生物的细胞壁或细胞膜进行破坏，使细胞内的物质外泄而导致微生物的细胞结构受损，起到灭菌或抑菌的作用。

从原料到成品，预制菜需要经过大量的处理步骤，如原料的预处理、烹调与熟化、灭菌与保鲜等。由于非热加工技术具有保持食品中功能性成分的生物活性、色香味及营养成分，避免传统热杀菌技术导致营养物质被破坏、颜色加深、挥发性风味成分损失等问题的优点，越来越多研究者将其应用于预制菜的加工中。已有研究表明，光辐照、电解水等新型物理加工技术可以对生鲜原料进行护色、清洗等预处理。将超声波技术和超高压技术应用于畜禽预制菜的腌制和滚揉处理，以嫩化肉制品、提高持水力，改善食用品质和色泽，延长保质期。有研究报道，即食小龙虾经超高压杀菌处理延长了货架期，提高了硬度、黏着性和咀嚼性。利用辐照、紫外线、超高压、超声波、超微粉碎、高压均质等多种非热加工技术对竹笋进行保鲜与加工，可以延缓采后竹笋的木质化与褐变、提升其食用品质和功能特性。

4.5 肉制品绿色氧化调控技术

肉制品绿色氧化调控技术是在肉制品加工过程中利用一些天然活性物质抑制肉制品加工和贮藏过程中的氧化反应的绿色加工技术，相较于传统氧化调控技术，绿色氧化调控技术可有效提高产品的安全性和功能性（图 4-5）。

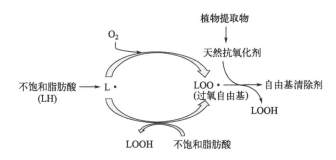

图 4-5 肉制品绿色氧化调控技术原理

氧化是影响肉制品品质的重要成因，蛋白质和脂质的适度氧化可以改善肉制品的风味和功能特性，提高人体吸收率；但是，过度氧化会导致肉制品色泽、质构、感官品质及营养价值的下降，甚至会产生胆固醇氧化物、丙二醛等有毒物质。传统的氧化调控技术主要是采用直接添加抗氧化剂，如添加叔丁基对苯二酚（TBHQ）、叔丁基羟基茴香醚（BHA）的方法来减缓氧化的发生。传统肉制品不仅需要实现工业化，还要满足消费者对营养、安全、绿色、健康肉制品的需求。因此，绿色氧化调控技术作为一种新型的肉制品加工技术备受青睐。

绿色氧化调控技术主要是利用一些天然食源性物质中的活性成分（如多酚、多糖、黄酮等）来替代传统抗氧化剂实现肉制品的氧化调控。研究发现，从植物中提取的多酚类、类胡萝卜素、叶黄素等天然抗氧化剂具有良好的稳定性和抗氧化性，在肉制品中可以得到广泛的应用。该技术主要降低局部氧化、清除过氧化物反应基质、络合金属离子、清除过氧化物、降低活性氧浓度和阻断脂肪酸的脱氢作用等途径来抑制肉制品在加工和储藏过程中的氧化反应。

由于天然活性物质不仅来源广泛，而且在安全性和适用性上具有明显优势，对高品质肉制品的加工有良好的推动，同时可增强肉制品的安全性，在预制菜原料的保鲜和产品加工贮藏等过程均有广泛应用。腌制鱼类制品在加工过程中，脂肪的氧化和降解产生的醛类、酮类、醇类、酯类等挥发性风味物质，构成了产品的特征性风味。将 0.03% 花椒叶多酚提取物用于白鲢咸鱼加工，可以有效降低脂肪的氧化水平，并能形成良好的风味特性。在猪肉炖煮过程中，添加葱姜蒜混合物可以改善产品的感官品质，改善脂肪酸组成，并抑制产品过氧化物值（POV）和 TBARS 值的升高，且添加量为 15% 时效果最为显著（$p<0.05$）。将姜黄素和维生素 C 添加到兔肉汉堡包中时，能够有效抑制脂肪氧化反应；将姜黄素应用于猪肉汉堡包，不饱和脂肪酸的含量和氧化稳定性均得到提升，抗氧化能力也有所加强，同时抑制了需氧菌和假单胞菌的生长。在牛肉饼加工过程中，牛肉碎化会破坏牛肉的筋膜，使暴露于外界的组织面积增大，易感染微生物和脂肪易发生氧化，将 2%、4% 和 6% 橄榄添加到牛肉饼中，随着添加量的增加，产品酚类物质含量、自由基清除能力等均得到有效增强，TBARS 值呈现为降低的趋势，具有良好的脂肪氧化抑制和抑菌效果；而在猪肉饼冷藏过程中，添加 0.06% 和 0.09% 八角茴香提取物与添加 0.02% BHT 具有相似的蛋白质氧化抑制作用（$p<0.05$），添加 0.09% 的八角茴香提取物与添加 0.02% BHT 具有相似的脂肪氧化抑制作用。

4.6 微生物综合控制技术

微生物控制技术就是在食品加工生产及后续环节中，通过各种技术措施降低食品中的微生物含量，调控食品中影响微生物生长的内在因素及外在环境，遵循防控结合、全过程控制的原则，最大限度地抑制食品中微生物的生长繁殖，保障食品安全（图 4-6）。鱼、肉等是预制菜常用原料，在加工过程中的工器具、车间环境都存在大量微生物，不同的预制菜制成品有不同的控制方法、保质期要求，原料肉脂肪、蛋白质含量丰富，水分活度高，在加工、贮

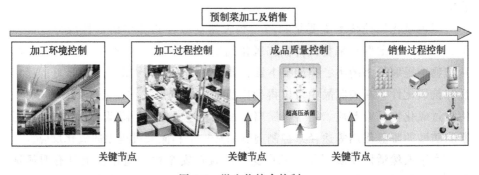

图 4-6 微生物综合控制

存、销售过程中，很容易被微生物污染及受环境因素的影响，导致产品腐败变质，失去食用价值。

预制菜加工微生物控制主要从加工环境、加工过程和成品质量控制等多方面系统控制。预制菜加工车间环境控制主要包括几个方面：一是车间卫生控制，要注意卫生日清日结，清扫有顺序，先将车间固体垃圾集中清扫清理，再用碱水、热水或清水冲洗；车间清理干净后用紫外灯或臭氧杀菌处理，保持环境干净卫生。加工过程中注意工作人员在不同工序间卫生要求，在半清洁、清洁区更换工作服、做好洗手消毒等措施。

预制菜成品的微生物控制是确保质量安全的重要环节。食品添加剂的合理应用、新型绿色植物提取物应用等与辐照、微波、超高压、过热蒸汽等杀菌技术结合，通过不同处理来控制微生物的不同栅栏因子的协同作用或交互效应共同阻碍食品内微生物生长繁殖，使食品在保质期内质量合格。不同种类食品添加剂对不同微生物的抑制效果不一样，针对不同预制菜保质要求应合理选用食品添加剂种类。

传统的加热杀菌方法容易造成食品营养成分的破坏，而干燥、高渗透压等杀菌方法适用的食品种类有限且容易影响食品的风味，因而近年来以高压、电场、惰性气体及生物防腐为代表的一批新技术不断涌现。超高压对微生物有多方面的影响，肉或肉制品中微生物在超高压下的灭活或致死程度与很多因素有关，包括超高压对微生物的处理时间、压力、食品成分、水分活度、pH 值、温度以及微生物的种类等，一般来说微生物的致死率会随着压力的升高而提高，但目前超高压设备一次处理量还偏小，在工业化预制菜加工杀菌处理方面有待进一步装备创新。

4.7 微胶囊技术

微胶囊技术指将固体、液体或气体包埋在微小而密封的胶囊中，使其只有在特定条件下以控制速率释放的技术。微胶囊技术具有可以有效减少食品功能成分的损失、延长食品货架期、遮盖和减少异味等优点，广泛应用于食品的多个领域，例如油脂、酶和微生物、果蔬饮料等方面。

微胶囊的制备原理详见图 4-7。微胶囊中内部被包埋的物质称作芯材，外部的包被材料称作壁材。食品工业中常用的芯材包括香精香料、酸化剂、甜味剂、色素、脂类、维生素、矿物质、酶、微生物、气体以及其它。由于得到了壁材的保护，微胶囊可以减少芯材中活性物质与外界环境因素的反应、遮盖芯材的某些性能缺陷、减少芯材向环境的扩散和蒸发、控制芯材的释放以及改变

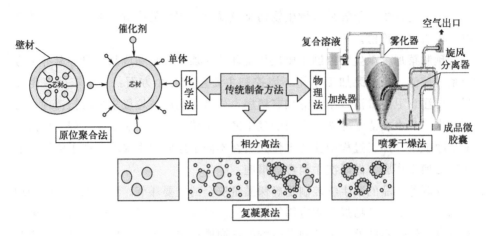

图 4-7 微胶囊制备技术原理

芯材的物理和化学性质。

在生产实践中常将一些对光、热、氧、潮湿、酸和碱等外界因素敏感的物料（如食品添加剂、香料、营养物质等）作为壁材，利用高分子材料薄膜将其包裹起来，制成微型胶囊，使之在生产加工过程中免受环境因素影响。在适当的条件下，可通过控制其时间、速率、温度等使其从薄膜中破裂而释放出来，从而使其功能发挥达到最佳水平。

当前，微胶囊技术在食品的诸多领域（如饮料、焙烤食品、肉制品、乳制品等）均有广泛应用。例如将液体油脂作为芯材，选择适当的壁材，运用微胶囊技术就可产生出固体粉末油脂，方便添加于各种食品原料中。许多食品添加剂制成微胶囊产品后，由于有壁材的保护，能够防止其氧化，避免或降低紫外线、温度和湿度等方面的影响，确保营养成分不损失，特殊功能不丧失。

微胶囊技术能够在预制菜原料保鲜、菜肴加工、储藏等方面得到广泛应用。例如，天然抗氧化剂替代传统抗氧化剂用于肉制品氧化调控备受青睐，但其成分多为光热敏感的长链大分子，在肉制品中的直接使用会导致其损失较大，甚至会增加植物提取物自带的异味。通过微胶囊包埋抗氧化剂，可以实现抗氧化剂的缓释，起到延长肉品货架期和抗菌效果。有些营养物质具有令人不愉快的气味或滋味，用微胶囊技术加以掩蔽，实现产品在口腔里不溶化，而在消化道中才溶解，释放出内容物，发挥营养作用。酸味剂吸潮会引起产品结块且酸味剂所在部位 pH 值变化很大，导致周围色泽变化，使整包产品外观不雅，有些粉状食品调味料对酸味剂十分敏感，将酸味剂微胶囊化以后，可延缓对敏感成分的接触和延长食品保存期限。

4.8 微生物发酵技术

微生物发酵技术指利用一些技术手段控制微生物的发酵过程进行发酵食品生产的技术（图 4-8）。通过微生物的发酵作用，常见的一些肉类、果蔬、粮食等原料被制作成营养丰富、风味独特的发酵食品。

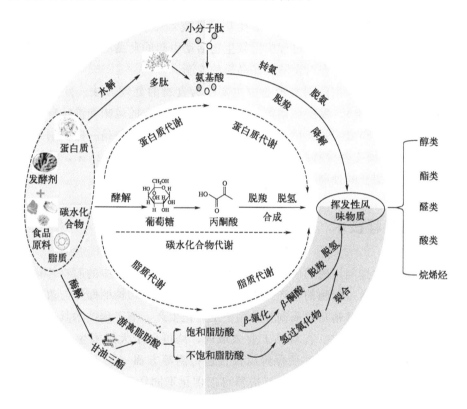

图 4-8 发酵技术应用原理

应用微生物发酵技术生产的发酵产品包括发酵肉制品、发酵蔬菜、发酵调味品、发酵乳制品等。在发酵过程中，食品原料中的蛋白质、脂质、碳水化合物等大分子物质被细菌、酵母菌和霉菌等微生物分解为游离氨基酸、游离脂肪酸、葡萄糖等易于人体吸收的小分子物质，这些小分子物质还作为合成不同风味物质的重要前体物质，赋予发酵食品特殊的风味。

由于发酵原料的组分不同，所用到的发酵剂和发酵工艺也不一样。传统的发酵工艺分为干腌法发酵和浸渍发酵两种。在发酵肉制品中，采用干腌法发酵的方式较多，如香肠、火腿、腊肉等产品一般经过腌制后放置在通风的环境中，在风干的同时进行发酵。而在发酵蔬菜中，一般采用浸渍发酵的方式较多，如泡菜、盐渍菜等。不同的发酵食品还需要对发酵程度进行控制，如鱼露、酱油等调味品的发酵需要的发酵程度较高，而一些烘焙产品如酸面包、发酵糕点等所需的发酵程度较浅。参与发酵的微生物分为细菌、酵母菌、霉菌，发酵食品的品质往往取决于多种微生物共同发酵的作用。现代发酵技术针对发酵剂的种类和特性，对发酵工艺进行精准设计，以更好发挥发酵剂的作用，提高发酵食品品质。由于食品发酵过程中包含的生物信息十分复杂，基因组学、转录组学、蛋白质组学和代谢组学等生物信息技术逐渐被应用于发酵食品中，以帮助我们更好地了解发酵过程中由微生物活动引起的食品品质的变化，从而实现新型发酵剂的构建和对发酵食品品质的控制。

微生物发酵技术在预制菜产业中主要作为食材的处理方法。发酵肉制品（香肠、火腿、酸肉）、发酵蔬菜等经过加工后产生特有的风味和滋味口感，提高产品营养含量和可吸收利用度；用发酵技术制作的酱料包是一些预制菜产品的"灵魂"。经微生物发酵技术生产的一些酱料包拥有独特的风味，目前市面上大部分加热即食的预制菜都离不开调味料包的存在。

4.9 酶工程技术

酶工程技术指利用酶的催化特性并通过生物反应器将相应的原料转化为目标物质的技术。通过对酶的生产纯化、固定化、酶分子结构的修饰与改造，可以设计出结构复杂且精巧的酶制剂，用于工业化生产。酶工程技术具有生产效率高、专一性强的特点。在食品工业领域内，酶可用于大规模生产食品添加剂、改善食品品质、食品贮藏保鲜以及快速检测等方面（图4-9）。通过使用不同的酶制剂和构建相应的生物反应器可以催化不同物质的水解、氧化还原、交联等反应，提高目标物的工业产量和生产效率，降低生产成本。相比于物理和化学反应催化，酶还具有反应条件温和、安全性高的优点，酶工程技术也逐渐成为食品领域内最具发展前景的新兴技术之一。

根据酶催化的反应类型可将酶制剂分为水解酶、氧化还原酶、转移酶、异构酶和连接（合成）酶五类。在食品工业中应用不同的酶制剂可以达到高效生产食品添加剂、提高食品品质以及食品贮藏保鲜等目的。如使用水解酶制剂可以取代传统酱油、食醋、腐乳等调味品生产过程中的"制曲"工序，达到快速分解蛋白质、糖和脂肪等生物大分子物质，缩短生产周期的目的。通过使用交联酶，可改善肉或鱼产品的质地和保水性等功能特性。利用改性后的溶菌酶制成的可食用抗菌膜可以抑制有害微生物的生长，延长食品保鲜与贮藏期限。此

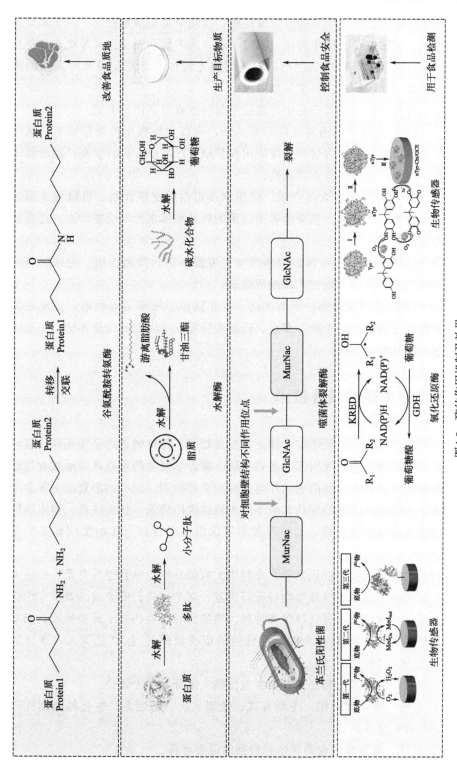

图4-9 酶的作用机制及效果

外,酶工程技术还被用于食品安全性检测,增强对食品质量控制。由于酶具有特异性强、灵敏度高、操作简单、携带方便、成本低和安全性高等优点,在食品领域中具有非常广阔的应用前景,利用酶工程技术研究酶以及开发新的酶原、酶种类和功能是进一步发展的要点。

酶工程技术在预制菜产品中可能应用的场景有以下四个方面:

① 利用酶水解作用的高效性和专一性,可以大规模生产香精香料、呈味基料、生物活性肽等,将这些物质应用在预制菜产品中,可以提高产品的鲜味和香味,增强产品的营养和功能性。

② 预制菜产品中富含蛋白质,应用酶促蛋白质交联作用,可以促进预制菜产品中的蛋白质交联,显著改善预制菜的质地和保水性等功能特性,提高预制菜产品品质。

③ 利用溶菌酶、噬菌体裂解酶等对有害微生物的抑制作用,为预制菜产品贮藏提供有利环境,延长产品的货架期。

④ 利用酶的特异性强、灵敏度高、操作简单、效率高等优点,实现对预制菜产品中过敏原、微生物、毒素、药物残留等安全风险的快速评估,快速检测预制菜产品的安全性。

4.10 营养精准设计技术

良好的营养素供给是维持人体正常生理功能、保持健康的必要条件,营养素的缺乏或过剩均有可能引起一系列疾病。营养学研究的重点是揭示饮食与健康之间的相互关系,以预防或治疗与饮食相关的疾病。现有的膳食指南等参考建议基于人群整体营养的评估,但不同人群的遗传背景、代谢特征、健康状况和生活方式具有显著差异,对营养素的需求以及对营养干预的反应具有明显不同。

精准营养(又称个性化营养)是利用大数据分析,结合遗传背景、生活方式、生理代谢状态和肠道微生物特征等因素,对个体进行安全而高效的个性化营养干预,从而对疾病进行预防和控制。精准营养产业仍处于起步阶段,未来发展前景广阔。2020年,全球精准营养的市场规模超过80亿美元,预计到2025年将超过160亿美元。

美国营养协会提出精准营养的实施流程大致分为四个部分:

① 评估 将饮食习惯、生活方式、健康状况、基因型、生化检测指标等进行定性和定量输入。

② 解释 依据精准营养科学和数据的说明解释。

③ 干预　个性化的营养指导与治疗，干预措施包括饮食改变，有针对性的营养品补充，生活方式调节，以及饮食时间、饮食环境、禁食、食物选择、食物储存和食物制备等饮食相关的行为。

④ 监测与评估　对干预措施进行持续的监测与反馈，以完善干预策略（图 4-10）。

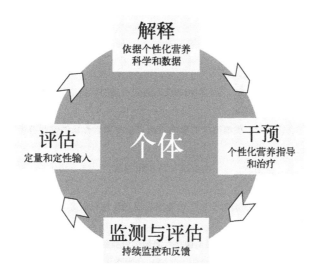

图 4-10　精准营养实施流程

目前，提供精准营养服务的企业或机构大致提供四种服务类型：

① 问卷型　通过调查问卷收集用户生理代谢、饮食习惯和生活方式等情况，借助大数据分析手段，结合个体目标（减肥、增肌等）进行智能反馈，提供个性化干预建议。

② 终端型　部分企业借助日新月异的智能设备，与精准营养策略相结合，例如针对糖尿病患者，将血糖检测仪、智能手环等智能设备终端连接至手机软件，在手机端实现记录饮食、注射胰岛素、运动等信息，并进行数据分析和干预措施推荐。

③ 检测型　首先收集用户生理代谢、饮食习惯和生活方式等个人信息，再通过血液、粪便菌群等生化指标分析，借助全面的大数据分析手段，进行包括膳食、营养补充剂、运动等生活方式在内的干预策略制定。

④ 综合型　通过对上述 3 种类型服务的整合，形成检测、评估、干预、监测的闭环服务链，实现更高水平的精准营养干预。

部分提供精准营养服务的企业或机构可提供相应的营养配餐或产品定制服务，但一般成本较高、效率较低，在高效便捷性方面仍存在不足。预制菜产业应积极对接精准营养领域的企业和机构，以预制菜产业的效率和标准化优势，赋予个性化膳食干预更高的精准、便捷、高效、方便和美味属性。在预制菜产业蓬勃发展、产品琳琅满目的竞争态势下，为不同人群提供符合个体特殊营养需求的膳食产品，是满足高端消费需求、开辟预制菜新赛道的方式之一。

参考文献

[1] 刘兴余，金邦荃，詹魏，等．猪肉质构的仪器测定与感官评定之间的相关性分析［J］．食品科学，2007, 28（4）：245-248.

[2] 陈磊，王金勇，李学伟．仪器测定的猪肉质构形状与感官性状的回归分析［J］．农业工程学报，2010, 26（6）：357-361.

[3] 赵改名，郝红涛，柳艳霞，等．肉糜类制品质地的感官评定方法［J］．中国农业大学学报，2010, 15（2）：100-105.

[4] 彭文怡，吕欣东．预熟制调理食品急速冷冻前后品质变化研究［J］．粮食与油脂，2023, 36（03）：95-97, 103.

[5] 孙协军，刘文俊，魏雅静，等．鼓风速冻对海鲈鱼肌原纤维蛋白理化性质和结构的影响［J］．渤海大学学报（自然科学版），2022, 43（04）：298-303.

[6] 谢媚，曹锦轩，潘道东，等．滚揉对成熟过程中鹅肉品质及其蛋白质结构的影响［J］．现代食品科技，2014, 30（10）：205-211.

[7] 李鹏，孙京新，冯婷，等．不同滚揉腌制对鸭肉蛋白及水分分布的影响［J］．中国食品学报，2019, 19（10）：157-163.

[8] 王逸鑫，吴涵，黄海源，等．超声波辅助腌制对青鱼腌制品品质的影响［J］．食品与发酵工业，2020, 46（22）：142-146, 160.

[9] 张东，李洪军，李少博，等．不同腌制方式对猪肉腌制速率及肉质的影响［J］．食品与发酵工业，2017, 43（12）：88-92.

[10] 宋玉，郑健，黄峰，等．不同腌制方式对煮制猪肉品质、组织形态和蛋白结构的影响［J］．食品工业科技，2022, 43（23）：103-110.

[11] 毛相朝，李娇，陈昭慧．非热加工技术对食品内源酶的控制研究进展［J］．中国食品学报，2021, 21（12）：1-13.

[12] 吴晓蒙，饶雷，张洪超，等．新型食品加工技术提升预制菜肴质量与安全［J］．食品科学技术学报，2022, 40（05）：1-13.

[13] 李肖婵，林琳，朱亚军，等．巴氏杀菌和超高压杀菌对即食小龙虾货架期的影响［J］．渔业现代化，2020, 47（04）：83-88.

[14] 汤彩碟，张甫生，杨金来，等．非热加工技术在竹笋保鲜及加工中的应用研究进展［J］．食品与发酵工业，2022, 48（04）：307-313.

[15] 刘文营，王守伟，王俊钢，等．天然活性物质在肉及肉制品脂肪氧化调控中的应用研究进展

[J], 中国食品学报, 2019, 19(12): 293-303.

[16] Fujimoto A, Masuda T. Antioxidation mechanism of rosmarinic acid, identification of an unstable quinone derivative by the addition of odourless thiol [J]. Food Chemistry, 2012, 132(2): 901-906.

[17] Quan T H, Benjakul S, Sae-leaw T, et al. Protein-poly phenol conjugates: Antioxidant property, functionalities and their applications [J]. Trends in Food Science & Technology, 2019, 91: 507-517.

[18] 曹松敏, 吴燕燕, 李来好, 等. 蓝圆鲹传统腌干过程中内源脂肪酶和脂质降解氧化的变化分析 [J]. 食品科学, 2017, 38(7): 36-42.

[19] 李君珂, 刘森轩, 刘世欣, 等. 花椒叶多酚提取物对白鲢咸鱼脂肪氧化及脂肪酸组成的影响 [J]. 食品工业科技, 2015, 36(15): 109-113.

[20] 王瑞花, 姜万舟, 汪倩, 等. 葱姜蒜混合物对炖煮猪肉感官品质、脂肪氧化及脂肪酸组成的影响 [J]. 现代食品科技, 2015(9): 238-244.

[21] Mancini S, Preziuso G, Dal B A, et al. Effect of turmeric powder (Curcuma longa L.) and ascorbic acid on physical characteristics and oxidative status of fresh and stored rabbit burgers [J]. Meat Science, 2015, 110: 93-100.

[22] Simone M, Gisella P, Fratini F, et al. Improving pork burger quality using Zingiber officinale Roscoe powder (ginger) [J]. Meat Science, 2017, 129: 161-168.

[23] Hawashin M D, Al-Juhaimi F, Mohamed A I A, et al. Physicochemical, microbiological and sensory evaluation of beef patties incorporated with destoned olive cake powder [J]. Meat Science, 2016, 122: 32-39.

[24] 殷燕, 张万刚, 周光宏. 八角茴香提取物在冷藏调理猪肉饼中抗氧化及抑菌效果的研究 [J]. 南京农业大学学报, 2014, 37(6): 89-96.

[25] 黄晓燕, 刘钺珺, 李长城, 等. 低水分活度食品微生物控制技术研究现状 [J]. 食品与发酵工业, 2020, 46(23): 286-292.

[26] 卢艳慧, 李迎秋. 微胶囊技术的研究进展及在食品行业中的应用 [J]. 中国调味品, 2021, 46(3): 171-174.

[27] 田媛, 弓志青, 唐晓珍, 等. 微胶囊技术及其在饮料加工中的应用 [J]. 食品研究与开发, 2020, 41(13): 203-207.

[28] Mojaveri S J, Hosseini S F, Gharallaooui A. Viability improvement of Bifidobacterium animalis Bb12 by encapsulation in chitosan/poly(vinyl alcohol) hybrid electrospun fiber mats [J]. Carbohydrate Polymers, 2020, 241: 116278.

[29] Bennacef C, Desobry-Banon S, Probst L, et al. Advances on alginate use for spherification to encapsulate biomole cules [J]. Food Hydrocolloids, 2021, 118: 106782.

[30] Samborska K, Boostani S, Geranpour M, et al, Green biopolymers from by-products as wall materials for spray drying microencapsulation of phytochemicals [J]. Trends in Food Science & Technology, 2021(1): 108-116.

[31] 侯金丽. 乳酸菌在发酵食品中的应用研究进展 [J]. 工业微生物, 2023, 53(1): 1-3.

[32] 白妞妞, 白锴凯, 何建林, 等. 鱼露发酵技术及风味研究进展 [J]. 中国调味品, 2021, 46(2): 175-179.

[33] 刘豪栋，杨昳津，林高节，等．酵母与乳酸菌的相互作用模式在发酵食品中的应用研究进展[J]．食品科学，2022，43（9）：268-274．

[34] Ojha K S, Kerry J P, Duffy G, et al. Technological advances for enhancing quality and safety offermented meat products [J]. Trends in Food Science & Technology, 2015, 44: 105-116.

[35] 王瑞琴，陈德昭，韦尚升，等．酶在食品工业中的研究进展及应用[J]．中国调味品，2019，44（4）：184-190．

[36] 龙梦飞，郑楠，张泽华，等．蛋白质交联用酶的作用机制及研究进展[J]．生物工程学报，2022，38（7）：2499-2512．

[37] 孙浩，石玉刚，朱陈敏，等．溶菌酶的修饰、功能特性及其在食品保鲜中的应用研究进展[J]．食品科学，2019，40（21）：334-342．

[38] 李芙蓉，向发椿，曹丽萍，等．纳米酶在食品检测中的应用研究进展[J]．食品科学，2022，43（1）：285-297．

[39] Bush C L, Blumberg J B, El-Sohemy A, et al. Toward the definition of personalized nutrition: a proposal by the American nutrition association [J]. Journal of The American College of Nutrition, 2020, 39（1）: 5-15.

[40] Markets and Markets. Personalized nutrition market by product type, application, end use, and region-global forecast to 2025 [R]. 2020.

[41] 林旭，张旭光．精准营养白皮书[R]．上海：中国科学院上海营养与健康研究所，2021．

第5章

预制菜产业链副产物的开发与利用

在加工制作预制菜的过程中,许多农产品原料副产物未被充分利用,或被低值利用,甚至被废弃,这不仅造成了资源浪费和环境污染,还加大了资本的损耗。这些副产物含有大量的营养物质,包括蛋白质、脂肪、纤维素、矿物质和其他生物活性成分。但是随着预制菜工业化、规模化的发展,一些高新技术及相关设备在农产品加工领域的应用与发展,可以将这些副产物做成特色预制菜、饲料、肥料、燃料等,还可以用于提取膳食纤维、蛋白质粉、色素、多酚、甲壳素、虾青素等营养和功能成分。变废为宝、节能减排,不仅减少了环境污染,而且促进了原料资源的高效循环利用,提升预制菜产业的附加值。

5.1 水产类预制菜加工副产物的综合利用

我国水产资源丰富,各类水产品年产量可达4896万吨。水产类预制菜加工副产物包括鱼鳞、鱼骨、虾壳、蟹壳等,这些副产物中含有丰富的活性物质,包括甲壳素、虾青素、蛋白质、油脂等(图5-1)。水产品加工副产物的综合利用不仅仅能开发资源,同时也能够解决劳动力闲置问题,带动调味品等相关行业的发展,使我国的整个市场都活跃起来。随着水产预制菜工业化、规模化的发展,集中收集副产物进行综合利用,制成方便食品、特色预制菜,或者进一步加工成为调味料、各类仿生海洋食品、功能保健品或海洋药物等,成为了行业的发展趋势。充分利用水产品加工副产物资源,既可以提高生产效率、降低生产成本、提高原料利用率,又增加了产品的附加值。水产类副产物预制菜产品主要是以鱼头、鱼皮为原料,生产剁椒鱼头、泡椒鱼皮、藤椒鱼皮卷等,产品形式多样,市场前景良好。

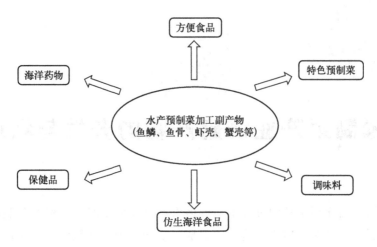

图 5-1 水产预制菜加工副产物

5.1.1 鱼类加工副产物的综合利用

鱼类的副产物包括鱼头、鱼皮、鱼鳞、鱼鳍、鱼鳔、鱼肠、鱼骨及其残留鱼肉,其质量占原料鱼的40%~55%,这些副产物除含有大量的蛋白质、脂肪外,还含有丰富的矿物质和其他生物活性成分,但是鱼类的副产物水分含量很高,极易腐败变质,一般需要在短期内及时加工。可以利用水产加工副产物或低值水产品提取具有各种生理保健活性的物质和酶类(如硫酸软骨素、透明质酸、生物活性多肽等)。鱼头和鱼皮是鱼类加工过程中的主要副产物,含有丰富的油脂和蛋白质资源,可以用来提取鱼油、生物活性肽、生产鱼蛋白粉和鱼露;也可以采用发酵的方式制作鱼头酱油(鱼露)等调味品。鱼鳞可以做成鱼鳞胶;鱼鳔可以提取类肝素,鱼刺等副产品经粉碎、研磨、超微粉碎后,可制备鱼骨粉产品,用来做饲料;或者采用油炸、整形、调味等处理制作成风味鱼鳍、鱼排等小吃食品。

吴燕燕等人通过以罗非鱼加工副产物(头、鱼排和内脏)为原料,经酶法水解、过滤调配等工序研制开发营养丰富、风味独特、高附加值的新型营养调味料,为罗非鱼加工副产物的高值化利用开辟一条新路。该产品水分含量为85%、粗脂肪为2.4%、蛋白质为8.9%、灰分为5.5%,pH值为7.6,可以直接作为补钙制剂食用,也可以作为添加剂应用于食品加工中。

鱼类加工副产物也可以进一步加工成为一道营养丰富的特色预制菜,梁志桃等以白鲢鱼头为原料,同时添加超微粉碎鱼头粉,熬煮制备高钙鱼头汤,所得汤中蛋白质溶出率可达19.35%,钙含量为214.37mg/mL,其具有氨基酸种类齐全、营养价值高、味道鲜美等优点。

刘铁玲等开发了鱼头鲜辣酱，以鲢鱼头为主要原料，加入黄豆酱、香菇、辣椒等辅料混合熬制再经灌装杀菌等工艺而制成。

5.1.2 虾加工副产物的综合利用

虾的加工副产物中含有人体所需的 8 种必需氨基酸和 4 种呈味氨基酸，虾头、壳的粗蛋白中必需氨基酸占 45.33%，与牛奶中和酪蛋白中必需氨基酸极为接近，是优质蛋白质来源。目前主要以南美白对虾、红虾、虾蛄、南极磷虾等海虾以及麻虾、克氏原螯虾、锦州对虾等淡水虾的副产物为原料，利用酶解、过滤和降压分馏技术生产蛋白肽、虾油、虾调味品和虾味素；利用化学处理和超临界提取的虾青素和甲壳素，被广泛应用于饲料、食品、医药保健品及化工等行业。

王智勇等以对虾头为原料，采用酶解技术结合美拉德反应研究得到风味浓郁的海鲜调味料。虾青素也可作为新型保鲜剂，添加至可食性薄膜，在一定程度上减少氧化作用，能够阻止微生物的侵染并降低贮藏过程中的营养流失，从而延长食品的货架期。这些均可以辅助用于预制菜行业，进行二次利用，减少环境污染的同时，提高产品商业价值。

小龙虾在加工过程中会产生大量的虾头、虾壳等副产物，占原料 50%～85%，这些副产物中含有蛋白质、脂肪、矿物质以及活性成分虾青素、虾红素和甲壳素等营养成分，现有粗加工方式使大量的小龙虾副产物被弃置，造成了环境污染和资源浪费。通过精深加工，能够从副产物中提取油脂、功能肽、虾青素、甲壳素、壳聚糖等物质或者开发成抗氧化小肽类与生物钙类产品，除此之外，还可以利用发酵手段生产虾油、虾粉、龙虾精、虾黄酱油、虾露、虾黄酱等调味料以及加工鱼类饲料等产品，拓展其在食品、化妆品、医药、农业等诸多领域的应用范围，实现小龙虾资源可持续利用。如虾黄（小龙虾性腺）中"龙虾风味"物质的提取与开发利用；将小龙虾热加工过程中产生的水煮液副产物，加工成具有鲜香特征的调味料或具有高蛋白质、低脂肪营养配比的营养强化剂等，以及应用在食品、化妆品等领域。

5.1.3 贝类加工副产物的综合利用

我国贝类养殖产量约占渔业养殖总产量的 26%，贝类（如牡蛎、杂色蛤、扇贝等）加工副产物包括贝壳、中肠腺软体部和裙边肉等，占总质量的 25% 以上。贝类加工副产物中富含蛋白质、不饱和脂肪酸、多糖、维生素、氨基酸、矿物质等营养成分和活性物质，具有重要的生理功能作用。随着贝类产量的逐年增加和贝类加工业的发展，其加工副产物的高值利用显得尤为重要。扇贝的副产物贝壳含有95%以上碳酸钙，主要应用在食品、建筑、能源等方面；其内脏团含有大量生物活性物质如牛磺酸、多糖等，具有重要的药用价值，可以开发成药物，有较好的应用前景。近年来，已经开始出现即食扇贝裙边、扇贝裙边香肠的相关产品，通过进一步精深加工来提高副产物的经济价值和社会效益。

5.1.4　鱿鱼加工副产物的综合利用

鱿鱼在加工处理过程中有20%~30%的眼、头、足、表皮、软骨及内脏等副产物产生，这类副产物大都用来加工鱼粉，还有部分甚至被当作废物随意丢弃或掩埋，它们的高值化应用尚未得到应有的重视。国内外有研究发现鱿鱼皮中含有丰富的蛋白质资源，约占鱿鱼皮干重的88%，且其胶原蛋白的多项性能优于其他来源的胶原蛋白，是优质胶原蛋白的重要来源，可用于生产化妆品，用作外科医用辅料、酶及生物活性物质的载体等，也可以进一步加工成香肠的肠衣及功能食品的添加剂等。鱿鱼头部脱皮后冷冻或做成干制品，肉鳍可以制成调味鳍片和脱皮鳍片，这两类都可作为珍味食物制品。鱿鱼的眼睛约占鱿鱼体重的2%，是生产透明质酸的优质来源；鱿鱼软骨（喉骨）约占鱿鱼体重的2%，其主要成分是硫酸软骨素和蛋白质，是制取硫酸软骨素的重要原料；鱿鱼墨汁中含有一种耐热的肽多糖，具有抗氧化、抗菌和治疗溃疡等功能，是很好的药用原料，也可作为一种天然的黑色素应用于食品生产中；鱿鱼内脏含有20%~30%的粗脂肪，其中 ω-3 系列脂肪酸含量为37%（其中EPA即二十碳五烯酸占12%，DHA即二十二碳六烯酸占24%），是生产鱼油的良好原料，鱿鱼内脏通过再利用可以加工成鱿溶浆、鱿酱油、鱿鱼粉和鱿内脏油等。

鱿鱼加工下脚料的综合利用前景远大，可极大地提高深加工产品的经济价值，形成新型的海洋生物技术加工产业链。目前国内外不少科研院校和企业单位正在研究和开发鱿鱼加工副产物中的生物活性物质。在预制菜中，好得睐推出新产品铁板鱿鱼，主要以鱿鱼须作为食材而制成的预制菜，口感脆嫩爽口。

5.1.5　海藻加工副产物的综合利用

作为海洋生态系统中不可或缺的组成部分，藻类也是人类饮食结构中的重要环节。我国对海藻的开发利用历史悠久、种类众多。中国是世界最大的海藻栽培国家，海藻加工副产物中主要含有海藻渣和废弃液。海藻渣可以用于生产肥料、海藻动物饲料、海藻膳食纤维及造纸。海藻废弃液可用于海藻糖和海藻寡糖的制备。

5.2 畜禽类预制菜加工副产物的综合利用

畜禽副产物通常分为非食用副产物（非肉制品）和可食用副产物（非胴体肉）（GB 12694—2016《食品安全国家标准　畜禽屠宰加工卫生规范》）。非食用副产物是指畜禽屠宰加工后产生的毛皮、毛和角等不可食用的畜禽副产物，可加工制作成为皮革、饲料、生物燃料和医药等供人类消费的产品。可食用副产物是指畜禽屠宰加工后产生的内脏、脂肪、血液、骨、皮、头、蹄（或爪）和尾等，因其含有蛋白质、脂肪、维生素和矿物质等基本营养成分，且能够提供较好的风味和质地，目前已广泛应用于传统烹饪和食品工业中。

欧洲一些国家常将畜禽内脏和血等副产物加工制备为鹅肝、牛腰子、牛肚三明治、牛肚汤和血肠等菜肴。美国和墨西哥等国家常将牛脑、牛舌、猪皮、内脏等副产物制作为牛脑、油炸猪皮、炒内脏等菜肴。在非洲地区，当地人通常将畜禽副产物通过油炸、烧烤、水煮后与蔬菜和其他配料一起混搭食用。日本和菲律宾等亚洲地区的一些国家常将畜禽内脏、血液、蹄等副产物作为烧烤、炖猪血、炸猪脚、炒猪内脏等的食材。我国以畜禽副产物为食材的菜品也极为丰富多样，如以脑为食材的火锅猪脑、四川石锅脑花、清汤炖羊脑、卤鸭头；以耳朵为食材的红油猪耳、卤牛耳朵；以舌为食材的有五香卤牛舌、凉拌牛舌、烤牛舌、鸭舌；以肝脏为食材的浙江白油肝片、云南吹肝、四川竹荪肝膏汤、宁波网油包鹅肝、广东金银润、沈阳熘肝尖等；以肾脏为食材的山东爆腰花、四川肝腰合炒和椒麻腰片、沈阳熘腰花等；以心脏为食材的湖南卤猪心、安徽青椒炒猪心、广东莲子猪心汤等；以肺为食材的山东奶汤银肺、北京卤煮火烧等；以胃为食材的四川小郡肝、海南胡椒肚、北京红烧肚片、新疆羊肚包肉、火锅毛肚、河南烩三丹、广东胡椒猪肚鸡、台湾鸡仔猪肚鳖等；以肠为食材的山东九转大肠、吉林白肉血肠、重庆火锅鸭肠、四川火爆肥肠、脆皮松花肥肠等；以尾巴为食材的闽南黑豆杜仲鱿鱼炖猪尾巴、内蒙古肥羊尾盖被、襄阳牛尾；以皮为食材的吉林肉皮冻、膨化猪皮、皮肚、油炸猪皮、泡椒猪皮；以蹄为原料的贵州状元蹄、陕西带把肘子、卤猪蹄、烤羊蹄；以爪为原料的卤鸡爪、卤鸭爪；以血为原料的南京鸭血粉丝汤、重庆毛血旺、山西猪血灌肠、血粑鸭子、广东猪血汤、台湾猪血糕；以骨为原料的板栗玉米骨头汤、莲藕骨头汤、酱骨头等。

随着食品加工业的转型升级，预制菜产业的兴起，在传统美食的基础上，畜禽类副产物不断地被挖掘进行二次加工制成特色的预制菜产品，以满足预制菜市场多元化发展的需求（图 5-2）。河南发布的全国首个《畜禽副产品预制菜》团体标准，规定了畜禽副产品预制菜是以畜禽副产品为主要原料，经预处理、调理、包装等工艺加工而成的预包装菜肴。

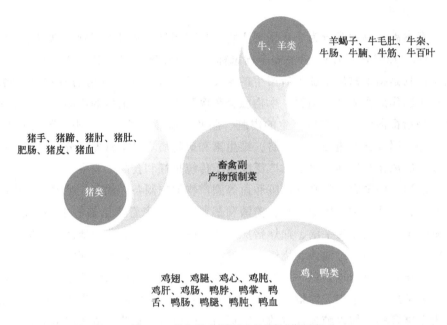

图 5-2　畜禽类主要副产物预制菜开发

5.2.1　猪的副产物预制菜

我国是全球最大的猪肉生产和消费市场。猪肉是我国居民主要的肉类蛋白质来源。在传统的八大菜系和地方名菜中，猪肉占据极为重要的市场地位，猪肉预制菜也成为行业内名副其实的"香饽饽"。随着猪肉预制菜市场的阔步发展，仅仅以猪肉为原料的预制菜产品，已经满足不了消费者多样化的需求，为提高市场竞争力，各商家开始布局以猪的副产物为原料的特色预制菜产品，譬如温氏佳味推出的"胡椒猪肚鸡汤"，新希望的"卤肥肠"，天邦股份的"卤猪蹄""猪蹄汤""猪蹄酱"，龙大美食的"飘香猪软骨""猪肚鸡"等产品在各个渠道内都有不错的销售量。2022 年以来，越来越多的消费者对"重口味"的预制菜产生了浓厚的兴趣。肥肠作为重口味猪肉预制菜的一款单品，不仅适用于炒菜、涮锅、小食等多场景，还可以单独卤煮食用，在市场上极受欢迎。此外，搭配年夜饭礼盒，"财源滚滚红烧圆蹄""招财进宝鲍鱼煨猪蹄"等各类猪肉副产物预制菜产品也十分出色。

味道是预制菜的灵魂，广东预制菜百款名菜之——惠来韩御史隆江猪脚预制菜，坚持做到还原了饭店里的味道。作为唯一的潮汕菜代表借着"年鱼经济"的新契机,抢占了新春市场,打响隆江猪脚品牌。中国高端肉制品品牌本味鲜物联合百年虞府,推出了"双椒卤肥肠"。通过新消费品牌与老字号联合,打造高品质特色预制菜的同时,将传统的美食文化用预制菜这样的形式进行了发扬传播。

5.2.2 牛羊类副产物预制菜

相较于其他肉类,牛羊病害少,肉质安全,在消费者的观念中属于"高价值、高营养"菜品。近几年,预制菜的发展让复杂的牛羊肉菜品吃起来变得简单,如厨、福成、聪厨、味知香等大企业纷纷推出了牛羊肉预制菜,其副产物"羊蝎子""牛腩"等做成的特色预制菜一直是各大电商平台的销售爆款。2022年京东平台数据显示,聪厨牛腩煲、蒙都羊蝎子评论数都超过50万,西贝莜面村羊蝎子、正大厨易羊蝎子评论数均超20万,此外,牛仔骨、牛大骨等单品的销量同样名列前茅。

5.2.3 禽类副产物预制菜

"牛羊赚张皮、鸡鸭赚内脏",禽类可食副产物加工产品与肉制品一样,种类繁多,风味各具特色。在众多禽类预制菜产品中,以鸡、鸭的副产物为原料的预制菜产品十分畅销,如酸菜鸡杂、酸豆角鸡杂等在各大渠道内销售火爆;结合年轻人对预制菜多元化口味的需求,某些超市也积极地、持续性地开发以肉类副产物为原料的预制菜新品,围绕一人食消费场景,开发出泡椒鸡杂等,通过"一包菜搭配一碗白米饭",轻松搞定美味一餐,十分便捷,深受年轻人喜爱。常见的有以鸭类副产物为原料的预制菜,如法式风味的黑醋栗油封鸭腿、毛血旺预制菜产品、啤酒鸭等单品销售都表现不俗。此外,咸鸭肫、腊鸭肫、腊鸭肠、盐水鸭肫、咖喱鸭掌、鸭血豆腐、糟鸭杂等,均为鸭产品中之佳肴。

5.2.4 其他

畜禽类副产品除了用于加工美味的菜肴,也广泛应用于其他食用产品中。美国、日本等发达国家对畜禽骨的开发利用十分活跃。他们利用剔除肉以后的猪、牛、鸡、鸭等畜禽动物的骨头,制成了新型的美味食品——骨味和骨糊肉系列食品。骨味系列食品包括骨松、骨味素、骨味汁、骨味肉等。用骨糊肉可制成烧饼、饺子、香肠、肉丸等各种风味独特、营养丰富的食品。这些食品不仅价格低廉、工艺简单,而且味道鲜美、营养丰富。我国在这方面的起步较晚，早期采用蒸煮和高温高压等生物工程技术将畜禽骨制备生成骨粉，主要作为饲料，可以促进家畜的生长发育，增加其食欲，增强抵抗力。现在，随着一些高新技术的发展，作为人类食用的骨粉，也开始进入市场。畜禽骨粉已广泛应用于西餐肠、骨面、酸辣酱、饮料和饼干等食用产品中。以骨粉为原料的骨质产品有骨粉加大豆粉制成的补钙肽糜、骨粉方便面、骨粉高钙面条等。

骨素以畜禽骨为原料，含有多种氨基酸、核苷酸和肽等风味物质，烹调加热后，可以产生浓郁的肉香味，可将其制备生成骨质香料，且更有利于人体消化和吸收。因此，骨素已被广泛应用于调味料、火锅底料及肉制品的加工中。此外，血浆具有乳化性、凝固性和起泡性等特性，可在饼干、面包和蛋糕等食品中添加应用。血浆蛋白可用于替代肉类产品中脂肪或磷酸盐，使肉类产品获得更好的风味、质地和营养价值。胶原蛋白是畜禽皮的主要成分，胶原蛋白肽可作为功能性食品，如蛋白粉、咀嚼片营养制剂等，还可作为食品添加剂或食品加工辅助制剂用于改善乳品、罐头、果酒、饮料等液体食品的口感和品质，如乳化剂、稳定剂、发泡剂、胶冻剂和澄清剂等。李星等将胶原蛋白粉添加到香肠中，发现胶原蛋白粉很好地保留了香肠中的水分，改善了香肠的嫩度，并且提高了香肠的产量。

5.3 植物基预制菜加工副产物的综合利用

随着预制菜市场多元化的发展和人们对膳食均衡化的需求，一些农产品企业开始利用自身农业资源优势转投预制菜市场（图5-3），如鲁盛农业集团利用自己的蔬菜资源开始研发活体菜、富硒蔬菜、鲜食蔬菜等多种优质蔬菜预制菜产品，其副产物也被更多地挖掘利用，通过提取其副产物中的功能成分，制成生物包装材料、酶、添加剂、油脂、调味料或者开发成新的预制菜，实现农产品原料的高值化利用。

5.3.1 果蔬类加工副产物的综合利用

果蔬类预制菜主要有罐装果蔬、冷冻果蔬、果汁、预切蔬菜、成品沙拉以及干燥和脱水食品等。在加工过程中产生的副产物占整个商品的25%～30%，这些副产物如果皮、果核、果渣、种子、叶、茎、根、花等含有丰富的膳食纤维、果胶、类黄酮、多酚类、蛋白质、脂肪、天然色素、功能油脂等成分，具有较高的营养价值和经济价值，但是在加工过程中常将副产物置于低洼地区掩

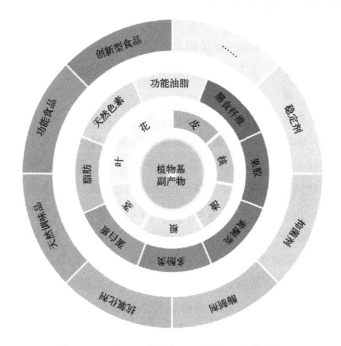

图 5-3 植物基预制菜加工副产物的综合利用

埋处理,这种方式极易造成环境污染。随着一些新技术新设备在农产品加工领域的应用与发展,可以将这些副产物加工成开发创新性食品、酶制剂、抗氧化剂、抑菌剂、天然食品调味料、发酵固定化载体等,实现农产品原料的梯度加工增值和可持续发展。

5.3.2 皮、渣的加工与应用

预制菜加工后剩下的一些果皮、果渣,含有丰富的膳食纤维,可以直接干燥成渣粉,进一步提取果胶,也可以用作微生物产酶的原料。从干苹果渣中提取的纤维可以用于制备嗜酸性酸奶、苹果饮料等富含纤维的产品。

Choi 等在香肠配方中加入苹果渣纤维可以成功地降低乳化香肠中的脂肪含量。

Hours 等以苹果渣、柠檬皮渣为原料,可以生产果胶酶。

Botellac 利用葡萄渣生产出木聚糖酶和果胶酶,从猕猴桃的果皮中提取出来的蛋白质分解酶,添加到啤酒里,可以防止啤酒冷却时变混浊,添加到肉里还可以作为嫩化剂。

Chacko 等以柑橘、菠萝、石榴、香蕉等果皮为原料制作果酱,发现这些果酱还具一定的抑菌性能,其中石榴果酱对志贺氏菌的抗菌活性最高,这些用作预制菜辅料搭配,具有较好的应用前景。

在预制菜中,番茄是果蔬类预制菜常用的一个蔬菜品种,其番茄皮渣可以直接添加到肉制品中,用以改善产品的感官、硬度、质构等品质以及提高产品色泽和番茄红素含量。

胡萝卜的皮渣可以做成食品包装纸,用来包装蔬菜;柚子皮、马铃薯皮、西瓜皮等果皮,也可以开发制成可生物降解包装材料。

柚子皮中脂肪、蛋白质含量高,且活性多糖、膳食纤维、黄酮类化合物、果胶等生物活性成分含量丰富,但味道苦涩难以直接食用,常常被人们舍弃,通过进一步加工,可以做成饮料、啤酒、果冻、蛋糕、蜂蜜柚皮茶和柚皮酱等。柑橘皮中含有15%～20%的果胶、2%～3%的橙皮苷、0.5%～2%的香精油和一定量的色素、维生素以及钾、钙、铁等矿物元素,可直接用于加工果脯、果酱、果茶、果冻等食品;也可通过低温干燥加工成陈皮,陈皮是一种传统且应用广泛的中药材,可作为食材添加到多种菜谱中做成具有功能性的预制菜,是预制菜向多元化、健康化发展的一个典型或良好应用;也可制成以橘壳为容器的橘普茶,兼具柑橘和普洱茶的功效与风味,是市场极受欢迎的茶类之一。

综上所述,应该对果蔬类预制菜加工过程中的副产物资源进行二次加工利用,以满足预制菜全产业链发展的需求。

5.3.3 种子、叶、茎、根、花等副产物的应用

近年来,天然抗氧化剂的需求日益增加,果蔬加工副产物中具有丰富的多酚类物质,是天然抗氧化剂的良好来源,葡萄籽也是多酚的良好来源,特别是酚酸、鞣花苷、黄酮、黄烷-3-醇,如儿茶素、花青素、二苯乙烯和白藜芦醇等,均具有抗氧化、抗肿瘤、抗微生物、抗衰老的功能,对肝脏具有抗毒性和抗炎作用。此外西瓜、石榴、猕猴桃、甜瓜等加工副产物的籽中油脂含量也很高,对其进行纯化并加以利用,可以作为食用油的新资源,具有较大的开发利用空间。面条中添加10%的脱脂番茄籽时,黄色度增加3倍、蛋白质提高24%、膳食纤维提高1.55倍、赖氨酸提高1倍,并且面条煮后质量增加12.6%,显著提高了蛋白质、赖氨酸等营养物质含量,但感官、异味、平滑度和整体接受度等显著下降,对嚼劲和弹性等无影响。南瓜籽产品应用较为广泛,除了焙炒鲜食,还可做成南瓜籽粉、南瓜籽油、南瓜籽粕和南瓜籽蛋白。

5.3.4 其他

目前,一些发达国家如美国、日本等开始着重于植物基预制菜产品的开发。我国植物基预制菜产品是目前预制菜行业的一个短板,果蔬类副产物预制菜产品更是凤毛麟角。

顾璐璐将火龙果果皮用于菜肴中,制备成方便预制菜品。

颜强研发了西瓜皮菜肴。

郑玉忠将陈皮加入羊肉中,发明了一种羊肉药食同源养生预制菜及其制备方法,是以山羊肉及山羊骨为主料,以茯苓、枸杞、大枣、山药、百荷、葛根、黄芪、陈皮、丁香、西洋参、冰糖为辅料,采用纯净水炖煮的方式制备而成的。

5.4 其他预制菜加工副产物的综合利用

除上述类别预制菜加工副产物外,还有菌菇类副产物、腌渍液、浸泡液、煮制液等副产物。

菌菇类属于真菌类,其预制菜加工副产物主要包括菌菇渣等。菌菇类加工副产物的利用方式主要分为食用菌素的食材加工、肥料应用、动物饲料应用、活性物质提取、添加剂等。在食用菌素食材加工方面,将蘑菇加工剩余物作为原料加工成食用菌菇肉,如菇肉饼、菇肉丸、饼干等,具有营养丰富、口感好、消化吸收好等特点。

毛传福等利用香菇、金针菇等原料制备菌菇饼干,该饼干营养成分和口感均优于对照样品。

刘书元等公开了一种蘑菇豆腐丸的制作方法,该蘑菇肉丸口味清爽、营养美味、具有减肥降脂、排毒养颜的功效。

除此之外,食用菌渣可以作为有机肥料,用于大田作物栽培,可以提高土壤有机质含量、改善土壤结构、提高土壤肥力。菌渣含有丰富的营养成分,如蛋白质、脂肪、碳水化合物、纤维素、氨基酸、维生素和矿物质等,因此菌渣作为一种良好的动物饲料,可以提高动物的生长速度、肉质品质和免疫力,同时也有利于环境保护和资源利用。

Moradzadeh-Somarin 等研究发现在绵羊饲料中添加菌菇渣作为蛋白质和纤维的来源,可以将绵羊对有机物的消化率从 641.70g/kg(以干物质计)提高到 663.60g/kg(以干物质计)，且不会影响嘌呤衍生物和微生物蛋白质的产生。

研究证实，食用菌中含有多种具有生物活性的化合物，如多糖、生物碱、甾醇、多酚等，这些化合物大多与食用菌的生物活性有关，包括抗氧化、抗癌、抗衰老、降血脂、免疫调节活性，以及调节血糖和血压。因此可以利用菌渣等食用菌副产物进行活性物质的提取及应用。

Yin 等综述发现，食用菌多糖通过核转录因子 κB(NF-κB) 和促分裂原活化的蛋白激酶（MAPK）信号通路调控细胞因子从而实现其免疫调节功能。

除此之外，另有研究表明，食用菌多肽具有抗高血压、抗真菌、抗微生物、抗癌、抗病毒、抗氧化和抑制血管紧张素转换酶（ACE）等特性，可以在人体内发挥良好的健康效应。

Wang 等研究发现，来源于 *Agaricus bisporus* 食用蘑菇的多肽 VYP(Leu-Val-Tyr-Pro)、VYPW(Val-Tyr-Pro-Trp) 和 YPWT(Tyr-Pro-Trp-Thr) 具有 ACE 抑制作用，可在一定程度上实现降血压功效。

朱钟敏等研究发现金针菇非食用部位的水提物经过膜分离纯化后，多糖含量从 9.46% 提升至 17.24%，得率 11.30%；该部位的水提取物及其膜分离后各组分对人结肠癌（HCT-8）、人肝癌（Hep G2）、人胃癌（BGC-803）和人鼻咽癌（KB）肿瘤细胞都具有良好的抑制作用。

食用菌还应用于多个领域，如生物吸附剂、生物炭、可食用薄膜/涂层、益生菌、纳米颗粒和化妆品的制备。值得注意的是，菌菇类物质中鲜味物质含量较高，也常用于制备增鲜调味品。Chang 等研究发现从蘑菇（*Hypsizygus marmoreus*）中可以制备得到鲜味肽，且分子对接结果显示，蘑菇鲜味肽能够通过氢键和疏水作用力与鲜味受体 T1R1/T1R3 的 Glu120、Ser142、Asp162 和 Gln361 结合，体现其鲜味特性。

除原料副产物外，加工过程中也会产生一些副产物，例如清洗液、腌渍液、煮制液等。该类液体中含有丰富的营养成分，可以收集后再利用或浓缩后用于其他用途。

袁宏等研发了盐渍蔬菜发酵液回收处理及浓缩的技术，得到了富含氨基酸、有机酸、维生素、酯类物质且盐度高达 23%~26% 的浓缩液，并可将其应用于调味品领域。

此外，针对淘米水的研究也在不断地进行中。

Nabayi 等研究表明，连续施用淘米水对植物生长、土壤化学性质、养分淋失和土壤细菌数量具有积极的影响。

在预制菜的制备过程中，多种原料需要经过焯水等工序，原料煮制后的废水中含有丰富的营养成分，亦可以利用浓缩、发酵等技术将其利用在肥料、饲料、保健食品、调味品的开发中。

高值化利用副产物，降低资源浪费的同时，也需要注意环境保护和资源利用效率等方面的问题，实现可持续发展。

参考文献

[1] 居占杰，秦琳翔．中国水产品加工业现状及发展趋势研究[J]．世界农业，2013(5)：138-141.
[2] 张晋陆，张俊杰．海洋低值鱼鲲鱼的加工[J]．食品工业科技，1998(6)：66-67.
[3] 刘文．增收新思路：变低值海产品为优质调味料[J]．农民致富之友，2005(3)：19.
[4] 龚钢明，顾慧，蔡宝国．鱼类加工下脚料的资源化与利用途径[J]．中国资源综合利用，2003，(7)：23-24.
[5] 赖海涛，黄志勇，涂开生．酶法提取烤鳗下脚料水解动物蛋白的研究[J]．集美大学学报，2002，7(1)：11-15.
[6] 何秋生，李向阳．淡水鱼的加工及综合利用初探[J]．中国水产，1999(7)：44-46.
[7] 初峰，曾少葵．利用海鳗鱼头制备高钙羹状食品的工艺探讨[J]．食品工业科技，2004(3)：94-95.
[8] 刘忠义，李忠海．油炸鳙鱼头加工及其保藏性的研究[J]．食品工业科技，2009，30(11)：191-193.
[9] 王龙，叶克难．水产蛋白资源的酶解利用研究现状与展望[J]．食品科学，2006，27(12)：807-812.
[10] 周远扬，雷百战，潘艺．酶技术在水产加工下脚料利用方面的应用[J]．广东农业科学，2008(7)：107-108.
[11] 吴燕燕，李来好，岑剑伟，等．酶法由罗非鱼加工废弃物制取调味料的研究[J]．南方水产，2006，2(1)：49-53.
[12] 梁志桃，吕顺，陆剑锋，等．高钙鱼头汤制备工艺研究[J]．食品工业，2014，35(2)：5.
[13] 刘铁玲，陈婷婷，梁鹏．鲢鱼头生产鲜辣酱的工艺[J]．食品研究与开发，2010，31(8)：86-88.
[14] 陈天忠，姚歆和，文利新．虾头、虾壳资源综合利用研究进展[J]．湖南饲料，2006(4)：35-36.
[15] 徐文思，张梦媛，李柏花，等．虾加工副产物蛋白肽提制及其生物活性研究进展[J]．食品工业科技，2021，42(17)：432-438.
[16] 胡婷婷．对虾加工副产物中虾青素的提取制备及其生物活性研究[D]．福州：福建农林大学，2014.

[17] 王智勇. 以美拉德反应产物为香基的海鲜调味品研究 [D]. 海口：华南热带农业大学, 2003.

[18] Kim S K, Mendis E. Bioactive compounds from marine processing byproducts—A review [J]. Food Research International, 2006, 39: 383-393.

[19] Liu G M, Cao MJ, Yu H L, et al. Optimisation of enzymatic hydrolysis of the by-products of marine crab processing using mixed enzymes [J]. International Journal of Food Science and Technology, 2010, 45: 1198-1204.

[20] 章骞. 贝类加工副产物中天然牛磺酸的提取工艺研究 [D]. 厦门：集美大学, 2014. DOI: 10.7666/d.Y2631738.

[21] 王国利. 扇贝裙的综合利用 [J]. 中国调味品, 1994（1）: 2-5.

[22] 马永钧, 秦乾安, 陈小娥, 等. 鱿鱼加工副产物综合利用研究进展 [J]. 渔业现代化, 2008, 35（4）: 62-65.

[23] Sadowska M, Sikorski ZE. Collagen in the tissues of squid (Illexargentinus and Loligo patagonica) content and solubility [J]. Food Biochem, 1987, 11 (2): 109-120.

[24] 蒋家新, 蒋予箭. 鱼皮胶制备的研究 [J]. 食品科学, 2001, 22 (6): 41-43.

[25] 张林楠. 鱿鱼的营养与加工 [J]. 中国水产, 1999, (8): 44-45.

[26] 叶琳弘. 鱿鱼软骨中硫酸软骨素的提取、纯化及降血脂活性的研究 [D]. 福州：福建农林大学, 2015.

[27] 边玲, 凌沛学. 硫酸软骨素用于治疗骨关节炎的制剂 [J]. 食品与药品, 2013 (5): 367-368.

[28] Mimum T, Meada K, Oda Y, et al. studies on biological activities of melanin from marine animals. Ⅳ. Innuence of Fr. SM Ⅱ (Squid melanin) on a high molecular glycoprotein (peak Ⅰ) level in rat Gastric mucosa, and properties of peak I as a gastric mucosal defensive factor [J]. Chem Pham Bull, 1985, 33 (5): 2061-2068.

[29] 童军锋, 张英. 加强鱿鱼资源的加工和综合利用技术研究 [J]. 东海海洋, 2001, 19 (4): 46-51.

[30] 袁春红, 赵善贞, 于克锋. 日本水产加工业零排放的现状与展望 [J]. 渔业现代化, 2008, 35 (3): 19-22.

[31] 姜桥, 周德庆, 孟宪军, 等. 我国食用海藻加工利用的研究进展 [J]. 食品工业科技, 2005 (9): 186-188.

[32] 杨凌寒, 孙新生. 小龙虾副产物提取甲壳素及其衍生物专利技术综述 [J]. 现代食品, 2022, 28 (12): 45-48, 54.

[33] 徐文思, 李柏花, 张梦媛, 等. 小龙虾及其副产物加工利用研究进展 [J]. 农产品加工（上半月）, 2021 (1): 60-63, 68.

[34] 李亚楠. 小龙虾副产物巾几种生物活性物质联产工艺研究 [D]. 武汉：武汉轻工大学, 2013.

[35] 陆剑锋. 淡水小龙虾资源的综合利用及其开发价值 [J]. 农产品加工, 2006, 10 (10): 47-63.

[36] 徐文思, 胡诗雨, 邓娟丽, 等. 小龙虾加工水煮液营养成分与风味物质分析 [J]. 食品与发酵工业, 2021, 47 (14): 279-286.

[37] 郝涤非. 小龙虾加工废弃物的综合利用 [J]. 食品与加工, 2007 (7): 60-70.

[38] Jin S K, Choi J S, Kim G D. Effect of porcine plasma hydrolysate on physicochemical, antioxidant, and antimicrobial properties of emulsion-type pork sausage during cold storage [J]. Meat Science, 2021, 171: 108293.

[39] 李星, 葛良鹏, 张晓春, 等. 胶原蛋白对香肠品质的影响研究 [J]. 食品研究与开发, 2014, 35 (17): 13-15.

[40] Valta K, Damala P, Panaretou V, et al. Review and Assessment of Waste and Wastewater Treatment from Fruits and Vegeta -bles Processing Industries in Greece [J]. Waste and Biomass Valorization, 2016, 8 (5): 1629-1648.

[41] Sagar N A, Pareek S, Sharma S, et al. Fruit and Vegetable Waste: Bioactive Compounds, Their Extraction, and Possible Utilization [J]. Comprehensive Reviews in Food Science and Food Safety, 2018, 17 (3): 512-531.

[42] Sharma P C, Gupta A, Issar K. Effect of packaging and storage on dried apple pomace and fiber extracted from pomace [J]. Journal of food processing and preservation, 2016, 41 (3): 1-10.

[43] Hoi Y S, Kim Y B, Hwang K E, et al. Effect of apple pomace fiber and pork fat levels on quality characteristics of uncured, reduced-fat chicken sausages [J]. Poultry science, 2016, 95 (6): 1465-1471.

[44] Hoursr R A, Voget C E, Ertola R J. Apple pomace as raw material for pectinases production in solid state culture [J]. Biological wastes, 1988, 23 (3): 221-228.

[45] Botella C, Diaz A, Ory I D, et al. Xylanase and pectinase production by Aspergillus awamori on grape pomace in solid state fermentation [J]. Process biochemistry, 2007, 42 (1): 98-101

[46] 梁楚泗. 猕猴桃蛋白酶在啤酒工业上的应用 [J]. 食品与发酵工业, 1989 (1): 76-82.

[47] 谢超, 刘鹭. 几种肉类蛋白酶嫩化剂的比较 [J]. 肉类工业, 2003, (2): 29-31.

[48] Chacko C M, Estherlydia D. Antimicrobial evaluation of jams made from indigenous fruit peels [J]. International journal of advanced research, 2014, 2 (1): 202-207.

[49] Altan A, McCarthy K L, Maskan M. Evaluation of snack foods from barley -tomato pomace blends by extrusion processing [J]. Journal of Food Engineering, 2008, 84 (2): 231-242.

[50] Garcia M L, Calvo M M, Selgas M D. Beef hamburgers enriched in lycopene using dry tomato peel as an ingredient [J]. Meat Science, 2009, 83: 45-49.

[51] Sayed A N, Azeem A M. Evaluation of Dried Tomato Pomace as Feedstuff in the Diets of Growing Rabbits [J]. IJAVMS, 2009 (3): 13-18.

[52] Borah P P, Das P, Badwaik L S. Ultrasound treated potato peel and sweet lime pomace based biopolymer film development [J]. Ultrasonics sonochemistry, 2017, 36: 11-19.

[53] 雷晏琳, 朱芮, 赵茂洁, 等. 柚子皮基可食性膜的制备及性能研究 [J]. 核农学报, 2019, 33 (2): 290-296.

[54] 吴贺君, 胡彪, 董知韵, 等. 可食性西瓜皮基膜制备与性能分析 [J]. 食品与生物技术学报, 2018, 37 (10): 1091-1098.

[55] Nowshehri J A, Bhat Z A, Shah M Y. Blessings in disguise: biofunctional benefits of grape seed extracts [J]. Food research international, 2015, 77: 333-348.

[56] Górna P, Rudzińska M. Seeds recovered from industry by-products of nine fruit species with a high potential utility as a source of unconventional oil for biodiesel and cosmetic and pharmaceutical sectors [J]. Industrial crops and products, 2016, 83: 329-338.

[57] Petkova Z, Antova G. Proximate composition of seeds and seed oils from melon (*Cucumis melo* L.) cultivated in Bulgaria [J]. Cogent food & agriculture, 2015, 1(1): 1-15

[58] Ekthamasut K. Effect of tomato seed meal on wheat pasting properties and alkaline noodle qualities [J]. Australian Journal of Technology, 2006(9): 147-152.

[59] 代弟. 南瓜籽粕酱油的开发与研究 [D]. 大连: 大连工业大学. 2011.

[60] 王丽波, 徐雅琴, 肖振平, 等. 南瓜籽蛋白 Pw-1 的抑菌活性和稳定性研究 [J]. 中国食品学报, 2016, 16(12): 193-197.

[61] 顾璐璐. 一种火龙果皮用于菜肴的制作法: CN 201410113899.8 [P]. 2014-07-23.

[62] 颜强. 腌制西瓜皮菜肴的制作方法: CN 201711089573.6 [P]. 2018-02-23.

[63] 郑玉忠. 一种羊肉药食同源养生预制菜及其制备方法: CN 202210778086.5 [P]. 2022-10-25.

[64] 王瑛. 食用菌菌渣资源的生态综合利用研究进展 [J]. 现代农业, 2015(11): 74-75.

[65] 毛传福, 桂纯伟. 一种夹心菌菇饼. 中国专利: CN 101028066 [P]. 2007-09-05.

[66] 刘书元. 一种蘑菇豆腐丸子. 中国专利: CN 105594882A [P]. 2016-05-25.

[67] 杨和川, 谭一罗, 苏文英, 等. 杏鲍菇菌渣综合利用研究进展 [J]. 食药用菌, 2018, 26(3): 4.

[68] 杨红梅, 王瑜. 食用菌菌渣在动物饲料应用中的研究进展 [J]. 中国草食动物科学, 2018, 38(5): 4.

[69] Moradzadeh-Somarin Z, Seifdavati J, Yalchi T, et al. Valorization of dietary edible mushrooms waste: chemical and physical properties, nutrient digestibility, microbial protein synthesis and nitrogen balance in sheep [J]. Journal of the Science of Food and Agriculture, Wiley Online Library, 2021, 101(13): 5574-5582.

[70] Zhang Y, Wang D, Chen Y, et al. Healthy function and high valued utilization of edible fungi [J]. Food Science and Human Wellness, Elsevier, 2021, 10(4): 408-420.

[71] Yin Z, Liang Z, Li C, et al. Immunomodulatory effects of polysaccharides from edible fungus: a review [J]. Food Science and Human Wellness, Elsevier, 2021, 10(4): 393-400.

[72] Landi N, Clemente A, Pedone P V, et al. An updated review of bioactive peptides from mushrooms in a well-defined molecular weight range [J]. Toxins, MDPI, 2022, 14(2): 84.

[73] Wang R, Yun J, Wu S, et al. Optimisation and Characterisation of Novel Angiotensin-Converting Enzyme Inhibitory Peptides Prepared by Double Enzymatic Hydrolysis from Agaricus bisporus Scraps [J]. Foods, MDPI, 2022, 11(3): 394.

[74] 朱忠敏, 周岩飞, 李晔, 等. 金针菇非食用部位水提物的膜分离及体外抗肿瘤活性 [J]. 菌物研究, 2016, 14(3): 5.

[75] Kumar H, Bhardwaj K, Sharma R, et al. Potential usage of edible mushrooms and their residues to retrieve valuable supplies for industrial applications [J]. Journal of Fungi, MDPI, 2021, 7(6): 427.

[76] Chang J, Li X, Liang Y, et al. Novel umami peptide from Hypsizygus marmoreus hydrolysate and molecular docking to the taste receptor T1R1/T1R3 [J]. Food Chemistry, Elsevier, 2023, 401: 134163.

[77] 袁宏, 张学峰, 闵锡祥, 等. 盐渍蔬菜发酵液回收处理及其浓缩液综合应用技术 [J]. 中国调

味品，2015.

[78] Nabayi A, Teh C B S, Tan A K Z, et al. Consecutive Application Effects of Washed Rice Water on Plant Growth, Soil Chemical Properties, Nutrient Leaching, and Soil Bacterial Population on Three Different Soil Textures over Three Planting Cycles [J]. Agronomy, MDPI, 2022, 12（9）：2220.

[79] 曹强. 畜肉提取物的制造及其应用 [J]. 广州食品工业科技，1988（01）：53-54.

[80] 王春丽，张琳，祖元刚，等. 双孢菇水提物抗疲劳作用研究 [J]. 食品工业科技，2011（5）：3.

第 6 章

预制菜调味品及调味技术

"民以食为天，食以味为先"，调味品是人们生活的必需品。我国民间有一句俗语，"开门七件事，柴、米、油、盐、酱、醋、茶"，其中有四件是调味品，可见调味自古以来在人们日常生活中占有相当重要的地位。我国具有悠久的调味品生产和应用历史，其能够调和膳食的气味和滋味，具有增色、增香、去腥、解腻等作用，可优化食品的感官特性，从而满足消费者的饮食需求。在中国近三千年的发展史中，饮食文化与调味技术作为文明史的一部分不断前进。

近年来，随着消费者生活节奏的加快，方便快捷的预制菜已悄然"占领"市民餐桌，成为餐饮消费"新宠"。然而，对热爱美食的人来说，色香味是基本诉求，无论是高档酒店还是街头小吃，讲究的都是新鲜的烟火气。预制菜通过工业化的流程，往往很难呈现出"锅气"，色泽、风味、口感都会随着加工仓储、运输复热等各个环节的进程出现损失。《2022 年中国预制菜行业发展趋势研究报告》显示，61.8%的消费者认为预制菜的口味复原程度需要提升，排在所有消费者认为预制菜存在的问题之首。对预制菜来说，最大的挑战就是如何在长时间存储的条件下保持菜品风味。依据预制菜的成熟度、熟化方式和保藏条件的差异开发系列预制菜专用型调味品、个性化调味料包对提高预制菜的诱食性、丰富预制菜品类、拓宽预制菜的目标群体具有重要意义。

6.1 调味品的概念及分类

调味品也称调料，指在饮食、烹饪或食品加工中广泛应用的，用以调和食物滋味和气味的食品加工辅料和添加剂。它的主要功能是增进菜品质量，满足消费者的感官需要，从而刺激食欲，增进人体健康。调味品的每一个品种，都含有区别于其他原料的特殊成分，这是调味品的共同特点，也是调味品原料具有调味作用的主要原因。调味品中的某些特殊成分，具有赋味、除异矫味、确定口味、增添香气、赋色、营养强化、食疗养生、杀菌抑菌、改变食物口感等多种功效。

我国调味品种类繁多，它不仅能赋予食品一定的滋味和气味，还能改善食品的质感和色泽。根据《调味品分类》（GB/T 20903—2007）标准，按照调味品终端产品进行分类，调味品共有食用盐、食糖、酱油、食醋、味精、芝麻油、酱类、豆豉、腐乳、鱼露、蚝油、虾油、橄榄油、调味料酒、香辛料和香辛料调味品、复合调味料、火锅调料17种品类。按照成分分类，可以分为单味调味品和复合调味品。单味调味品是指仅含一种主要原材料的调味品，复合调味品则通常是由两种及两种以上的调味品按照一定比例调配制成的调味品。按照来源分类，可以分为动物性、植物性、矿物性、化学合成类。按照状态分类，可分为液态、油态、粉状、糊状、膏状。按照加工过程分类，可以分为提炼加工类、采集加工类、酿造加工类、复制加工类。按照味感分类，可以分为咸味调味品、甜味调味品、酸味调味品、鲜味调味品、辛香料调味品、复合及专用调味品。按照口味和习惯分类，可以分为单味调味品（盐、糖、醋等）、基础调味品（酱油、味精、辣椒油等）、复合调味品（番茄酱、辣椒酱、蛋黄酱、烤肉酱等）。按照调味品的性质分类，可以分为化学调味料、复合调味料、核苷酸调味料、原始辛香调味料、天然调味料、酿造调味料等。按照用途还可以分为快餐类调味料、复合调味料、方便食品调味料、西式调味料、膨化食品调味料、火锅调味料、海鲜调味料及速冻食品调味料等。

6.2 调味品的市场规模

调味品工业作为食品工业的重要组成部分，与人民生活密切相关。在长达3000多年的历史进程中，劳动人民在原始调味品和酿造调味品的加工制作技术方面积累了丰富的经验，特色产品层出不穷。近年来，我国调味品市场消费量呈现快速增长趋势。

6.3 调味品的发展进程

按照我国调味品的历史沿革，调味品的发展基本上经历了以下三代：

第一代：单味调味品，如酱油、食醋、酱、腐乳及辣椒、八角等天然香辛料，盛行时间跨度数千年。

第二代：高浓度及高效调味品，如超鲜味精、次黄嘌呤核苷酸（IMP）、鸟苷酸（GMP）、甜蜜素、阿斯巴甜、甜叶菊和木糖等，还有酵母抽提物、水解植物蛋白（HVP）、水解动物蛋白（HAP）、食用香精、香料等。此类高效调味品从20世纪70年代流行至今。

第三代：复合调味品，复合调味品起步较晚，20世纪90年代才开始迅速发展。目前，市场上仍然是三代调味品共存的局面，但第二代、第三代调味品逐年扩大市场占有率和营销份额。

随着人们消费水平不断提高和对健康饮食的关注，纯天然、健康的调味品也引起了广泛关注，以绿色提取技术制备的纯天然调味品在追求健康为主的呼吁下，所占领的市场份额也在逐渐增加。

6.4 调味品的发展趋势

6.4.1 复合调味品

调味品离不开餐饮行业，餐饮行业是调味料最大的应用市场和施展"才华"的大舞台。同时，烹饪的发展和创新也需要调味品的支撑。两者互为依靠、互为生存，缺一不可。随着经济的发展和物质生活的丰富，消费者对美食多样性及烹饪便利性的追求催生出调味品的功能细分及品类多元化，消费者通常会选用不同品类的调味品用于烹饪或调制特定风味的食品。在这样的大背景下，复合调味品应运而生。复合调味品可以满足不同调味需要的调味品，被形象地称为"懒人调料"。

复合调味品指以两种或两种以上的调味料为主要原料，添加（或不添加）油脂、天然香辛料及动、植物等成分，采用物理的或者生物的技术进行加工处理及包装，最终制成可供安全食用的一类定型调味料产品。复合调味品的分类方法有很多种，按经验性可分为固体复合调味料、半固体复合调味料、液体复合调味料、复合调味油。按所用原料不同可分为肉类、禽蛋类、水产类、果蔬类、粮油类、香辛料类及其他复合调味品；按风味可分为中国传统风味、方便食品风味、日式风味、西式风味、东南亚风味等；按形态可分为固态（块状、粉状、颗粒状）、半固态（膏状、酱状）、液态复合调味品。目前市场上主要根据消费者的饮食习惯来分类，主要有菜肴调味汁、中式小吃调味汁、西式调味汁、面食蘸汁、煮炖汤液和生鲜蔬菜味汁等六大类。

6.4.2 调味品的发展方向

营养化、方便化、风味多样化是现代消费者对调味品的主要追求，也是调味品发展的主要方向。采用天然原料生产营养调味料；依据我们悠久的药膳历史，特别是经典医书和民间配方，采用既是中药又是调味料的花椒、八角、肉桂、丁香、桂皮、辣椒、砂仁、大蒜、生姜、豆蔻等原料，依靠现代食品科学技术生产功能性调味料；依照我国各菜系特点生产特色调味料；这是我国调味品发展的三大特色，也是今后我国复合调味品成功壮大国内市场和拓展海外市场的关键。

依照中国居民健康需求，开发低钠、低糖、低脂的健康型调味品也势在必行。调味品中含有独特的风味成分，深受人们欢迎，但许多调味品中含盐量较高，如何降低这些调味品中的含盐量，同时最大程度保留或增加其营养成分和风味物质对调味品行业而言既是挑战亦是机遇。《中国居民膳食指南（2022）》建议每人每天食盐摄入量不超过 5g，而当前城乡居民平均每天钠盐的摄入量高达 11g，是建议值的 2 倍多。有数据表明：我国居民钠盐摄入量约 80% 来源于调味品，多种调味品重复使用可能是导致饮食中钠盐含量超标的主要原因。过量摄入钠盐则会引发诸多健康问题，如会导致肾脏疾病、心血管疾病，因此减盐、增鲜技术是调味品未来发展的关键。当前减盐增鲜技术各有其特点。常规的减盐技术有减少食盐添加量、非钠盐替代和增强鲜味感知，如添加酵母抽提物、鲜味肽、鲜味氨基酸和肽的衍生物等。相关研究表明：乳酸菌、美拉德反应中间体、增味剂和呈味肽的应用也能够同时实现减盐增鲜双重效应。

Hu 等研究发现乳酸菌和酵母的使用可以降低发酵过程中盐含量的添加。

Valerio 等将植物乳杆菌加入面包中代替 50% NaCl 发酵，发现含盐量降低 50% 的面包具有与不减盐面包相似的口感。

梁进欣等研究发现植物乳杆菌的添加能够有效降低干腌制品中 NaCl 含量的添加，同时还可以增加干腌制品的鲜味、咸味及厚味等味感。

周雪研究发现阿拉伯糖-豌豆肽美拉德反应中间体可能具有提高人体对 NaCl 敏感的特性，增强人体咸味感知。

Schindler 等研究发现精氨酸和一系列精氨酸二肽可以起到增咸的作用。

Wang 等研究发现，将脯氨酸和葡萄糖形成的中间体加入 NaCl 溶液中表现出显著的增咸增鲜作用。

调味品的营养化技术也是未来发展的重点。调味品作为食品加工过程中不可缺少的一部分，对调味品进行营养化处理，补充人体所需营养素具有十分重要的战略意义。调味品营养化技术从本质上来讲是一种通过在生产过程中添加营养强化剂，从而提升调味品营养价值的生产过程。在调味品中添加营养强化剂可有效提升调味品的营养成分含量，丰富营养组成结构。我国现行的国标 GB 14880—2012《食品安全国家标准 食品营养强化剂使用标准》中针对调味品门类，仅有酱油与食醋被允许添加部分微量元素，这种情况对调味品营养化技术的发展具有一定的制约性。对调味品进行营养强化对于人群营养素不足具有较好的预防作用，如咖喱、鱼露等调味品均可作为营养素载体。对原料进行营养化处理，是调味品营养化技术中不可或缺的环节。如使用益生菌、肽类、多不饱和脂肪酸等原料作为营养强化调味品的开发材料，从调味品的生产源头增加营养成分，提升调味品的营养价值。也可将具有食用与药用价值的中草药加入到调味品的生产过程中，促进营养化调味品的发展。但营养强化剂的使用应该合理化、规范化，不可盲目过量使用。

依照菜肴制备场景，开发专用型复合调味品，解决调味品中风味物质的加工与保留也是未来研究的热点。调味品中大量的风味物质在食品加工中不可避免的就是风味有效成分流失，如何更好地提高风味物质有效成分的稳定性是食品加工中一直以来面临的关键问题。高汤类调味品种也是今后发展的方向。高汤作为历代厨师在烹饪菜肴时不可或缺的鲜味来源之一，烹饪时所用的"汤"成了许多菜肴调味的核心，因此才会有"艺人的腔，厨师的汤"一说。由于传统的高汤煲制时间长，在食材的营养风味成分不断溶出的同时，汤中的嘌呤会比较高，易引起痛风，如何实现健康与美味兼顾，完成高汤从传统手工到工业化生产的转变至关重要。

6.5 调味技术

"菜之美在于味，味之美在于调"，在菜肴的制作过程中，调味技术与调味品同样重要。调味技术又称调味手段，是通过原料与调味品的适当配合，使其在烹制过程中发生物理的与化学的变化而达到除去恶味、增加美味的一项操作技术，是烹调技术的一个重要环节，直接关系到菜肴的质量。

6.5.1 传统的调味技术

中华美食以"味"为核心，所有的工艺都是服务于和服从于调味的。调味的原则应该是突出原料的本味、风味菜肴的口感和色彩，从而达到"有味使之出味，无味使之入味，异味使之除味"的境界。有味的原料原则上是要突出原料的鲜美味，无味的原料则需要运用各种调味料和调味手段，使原本无味的原料变美味，异味的原料要想办法除去或掩盖。调味的方法有三种：原料加热前调味（码味）、原料加热过程中调味和原料加热后调味。这三种调味方法既可以单独使用，也可以交叉使用。调味品的选择应遵循调味下料准确而且适时、因人而异、调味料优质、随时令变化等原则。

6.5.2 基本的调味方式

在菜肴的调味过程中,往往需要加入两种或两种以上的不同调味品,不同呈味物质相互作用使菜肴呈现出来的味道是复杂的。调味是一个复杂的、动态的过程,随着时间的变化味道也会有所差异。

当两种相同或不同的呈味物质进入口腔时,两种呈味味觉发生变化的现象,称为味觉互作。原料经过烹调后会产生一定的滋味和气味,这些滋味和气味一般不明显,有的需要加入其他呈味物质才能体现出来,有的却在加入其他呈味物质时被掩盖或转化了。原料自身味道的这种可塑性正好为调味时丰富菜肴的味道提供了契机。将调味品中的呈味物质有机组合起来,去影响原料中的呈味物质便是调味的方式。基本的调味方式应该遵循不同调味品与食材之间味的对比、味的相乘、味的掩盖、味的转化等规律。

① 味的对比　又称为味的突出,是将两种以上不同味道的呈味物质,按悬殊比例混合作用,导致量大的某种呈味物质味道突出的调味方式。在烹调过程中,用少量的盐将汤中的鲜味对比出来、用少量的盐提高糖浆的甜度、用盐水煮蟹突出其鲜味等,都是利用味的对比这种方式来突出某一味道。通过上面的实例可以看出,味的对比主要是靠食盐来突出其他呈味物质的味道,因此才有"咸有百味之王"的说法。由此可以说,在调味中咸味的恰当与否是一个不可忽视的问题。当糖与食盐的比例大于10∶1时可以提高糖的甜味,当两者比例小于10∶1时糖的甜度就会降低。制汤时盐与鲜汤的比例过小,也就是口轻时,汤的鲜味便不明显。当盐与鲜汤的比例过大,也就是口重,汤的鲜味又会被咸味所掩盖。有实验表明,当食盐添加量一定时,随着味精添加量的增加,鲜味会逐渐提高,当味精增到一定量时,鲜味反而会下降。这个实验告诉我们,对比方式虽然是靠悬殊的比例将量大的呈味物质的味对比出来,但这个悬殊的比例是有限度的。究竟什么比例最合适,这要操作者在实践中体会。

② 味的相乘　又称为味的相加,是将两种以上同一味道的呈味物质混合使用,促使这种味道进一步加强的调味方式。利用这个原理,工业上用95%的 MSG(谷氨酸钠)和5%的 IMP(肌苷酸钠)合成一种新的强力味精,鲜味可达普通味精的几倍。当 MSG 在鸡精调味料中的含量为35%时,加入1.1%的呈味核苷酸二钠,可使鲜味强度增加4.98倍。

Li 等人研究发现,从猪骨汤中提取的鲜味肽 Phe-Ser-Gly-Leu-Asp-Gly-Ser-Lys,在浓度为0.2%时,可显著提升0.35%味精溶液的鲜味。

Maehashi 等人研究表明，鲜味二肽 Glu-Val 与 0.02% 的 5′-IMP 混合后鲜味强度提升。

Ma 等人研究发现，0.05~1.2g/100mL 的食盐溶液可使 0.35g/100mL 的琥珀酸二钠溶液的鲜味强度提升 2.6~11.6 倍。

Yang 等人研究发现，0.310g/L 的 MSG、0.015g/L 的 5′-IMP、0.013g/L 的 5′-GMP 均能增强 1.96g/L 食盐溶液的咸度。

在烹调中，味的相乘方式通常在两种情况下使用：其一是当需要提高原料中某一主味时，如在有汤汁的动物性菜肴中加入味精，使菜肴的鲜味成倍增长，动物性原料制作的菜肴，汤汁中含有丰富的呈鲜物质，这些物质与味精融合使菜肴的鲜味得到加强，蜜汁香蕉在调味时为了提高香蕉的甜度，用糖和蜂蜜来增加甜度也属于相乘方式提高原料中的某一味道；其二是当需要为菜品加味时使用，如海参、燕窝、鱼肚、鲜笋等原料本身鲜味很弱，甚至没什么味道，调味时要将鲜汤和味精以适度的比例进行相乘方式的补味，以提高调味效果。

③ 味的掩盖　又称为味的消杀，是将两种及以上味道明显不同的呈味物质以适当的数量相互混合后，可导致各种呈味物质的味感均减弱的调味方式。如食盐、砂糖、奎宁、醋酸分别呈现出咸、甜、苦、酸等四种不同的味觉，当我们把其中任何两种呈味物质以一定浓度溶液形式适当混合后，会使各种呈味物质的味感均弱于单独存在时的味感。蔗糖与奎宁的混合溶液甜度低于等浓度的蔗糖溶液，苦味也低于等浓度的奎宁溶液。酱油中含有 16%~18% 的食盐和 0.8%~1.0% 的谷氨酸，咸鱼中含有 20%~30% 的食盐和一定量的肌苷酸，如果单纯品尝 20% 的食盐溶液，会觉得齁咸，但品尝同等盐分含量的咸鱼和酱油时，咸味要弱很多。有研究表明：在水果饮料和葡萄酒中，酚类物质的酸味可以部分地被糖的甜味掩盖。辣椒油很辣，在其中加入适量的糖、盐、味精等调味品，不仅可以使辣椒油的味道得以丰富，而且可以有效地缓解其辣味。

Kim 等人研究发现，从大豆中分离的 5 种鲜味肽 Glu-Asp、Glu-Glu、Glu-Ser、Asp-Glu-Ser、Glu-Gly-Ser 能够阻止水杨苷诱导的苦味受体 hTAS2R16 的表达，从而降低食物的苦味。

牛肉、羊肉、水产品、内脏、萝卜等原料，往往有较重的涩味和腥膻臭味，烹饪过程中通过加热和调味可除去其中异味，而调味消除异味的效果更佳。采用调味去除异味的方式有两种：一是利用调味品中的呈味物质进行稀释和掩盖，如生姜中的姜酮、姜酚、姜醇，肉桂中的桂皮醛，葱蒜中的二硫化物,料酒中的乙醇,食醋中的乙酸等,当这些调味品与原料共热时,其挥发性物质的挥发性得到加强,从而冲淡和掩盖了原料中的异味;二是利用某些调味品中的化学元素进行消杀,如鱼体中的氧化三甲胺,本来是鱼类呈鲜的主要物质,但鱼死后氧化三甲胺在酶和细菌的作用下还原为三甲胺,该物质具有较强腥臭味。然而经过分析发现,三甲胺属碱性且可溶于乙醇,可以通过加醋中和、加料酒溶解。因此,烹鱼时加料酒和醋不仅能产生酯化反应形成香气,而且还会消杀鱼中的腥味。在调味中味的掩盖方式可以比较有效地消除原料中和调味品中不为人们所喜欢的味道。但这种方式只是在口味上起到了掩蔽的目的,被掩盖的另外一种呈味物质仍然以原本的数量存在。例如在用糖醋汁调味时,为了弥补各种味之间的互相掩盖,各种调料的量不足的话可能会产生味觉不协调,需要根据实际情况随机应变。

④ 味的转化 又称为味的变调,是将多种味道不同的呈味物质混合使用,导致各种呈味物质的本味均发生转变的调味方式。味的转化由两方面原因造成。一方面,原料及调味品中的呈味物质混合后产生复杂的化学变化,使原来呈味物质的味改变,如四川的怪味,将甜味、咸味、香味、酸味、辣味、鲜味类调味品按相同的比例融合,最后形成似甜非甜、似香非香、似酸非酸、似辣非辣、似鲜非鲜、似咸非咸的感官特性,这种似是而非的味便是通过味的转化方式调制的。另一方面,是生理上对味的感觉出现暂留印象,如喝完糖水之后再喝清水,会感觉清水也有甜味;吃完辣菜之后再吃其他不辣的菜,也会感觉这些菜肴都有了辣味。味的转化方式在单个菜的调味时可以用来调制复合味,在整桌菜肴味的设计上却要予以防止。一般筵席菜点味道的变化要求"先咸后甜,先鲜后辣,先酸后苦,先清淡后浓郁,点心随着大菜口"的上菜规律,就是为了防止味道较重的呈味物质在生理感觉系统上出现暂留印象,干扰味蕾对味道较轻呈味物质的感觉,从而避免各种菜点在口腔中互相串味。

近年来,随着人们生活方式的转变,人们对调味料的选择由单一类型转向选择具有天然风味、营养及保健特点的高品质复配调味料,因此对复合调味料的研究越来越深入。复合味是通过各种调味方式组合起来的,烹调中常说的"五味调和百味",就是各种单一味道通过调味方式进行不同的排列组合,达到丰富菜肴口味的目的。以上四种调味方式各具特色,运用得当则"百菜百味",运用得不好则"百菜一味"。但它们之间绝不是割裂的,而是互相影响、互相交叉的。当使用某一方式进行调味时,就需要考虑会不会产生其他的副作用,如果产生了如何克服。调味技法的高低,实际上就是综合运用调味手段水平的高低。菜肴的复合味有千种万种,没有什么固定的口味模式。比较调味方式的目的，就是通过这种理论去指导我们的调味实践，通过实践创造出更美更受人们欢迎的复合味。

6.5.3　预制菜调味技术现状和发展前景

目前预制菜的调味技术方式一般分两种：一种是由厨师的经验和秘方做出来的预制菜，另一种是由食品工程师做出来的预制菜。厨师主要依据食材的特性和菜品的味型，采用多种调味料和复杂的加工工艺制作而成。这种调味原理以辅助增鲜提味为主，菜肴接近新鲜菜肴的本真风味，具有"锅气"足、风味自然、回味好等鲜明优势，但操作往往依赖于厨师的经验和技巧，做预制菜成本高，不利于标准化大规模预制菜生产调味，而且预制菜经后期冷冻保鲜、杀菌、储运、复热后菜肴的还原度比较差，香气会欠缺。工程师根据食材的特性和菜品味型，主要采用复合调味料，以特征味道增强为主，比如添加一些鸡膏、牛膏、海鲜膏等。优点是特征风味很强，生产起来简单，容易标准化和规模化，但是菜肴的"锅气"不足，工业化味道浓。因此把厨师和工程师的技术相结合，在厨师的调味配方基础上，结合食品工程师的工程化技术完成流程再造，既能满足预制菜复合调味料菜肴化的味道需求，又能满足规模化生产，这样取长补短就可以真正实现美食预制菜化。

目前尽管预制菜生产企业有着优秀的厨师团队，对即时食用菜品的风味把控较好，但对工业化生产后储运后复热的菜品仍存在一定的技术问题，因此预制菜的风味品质仍有较大的提升空间。消费者对预制食品的选择，美味往往是关键，消费者最关注的就是菜肴的还原度。食材的标准化、工艺的标准化、口感的标准化至关重要，是推动预制菜产业健康发展的重要途径。调味品及调味技术标准化是影响预制菜标准化的关键，对于把控预制菜的风味极为重要。在预制菜的研发过程中，需要首先解决以下几个问题：

① 明确菜肴在传统烹饪过程中整体风味及风味物质组成的变化规律，确定传统菜肴的特征风味物质成分，规范其传统加工工艺，研发菜品风味分步实现工艺。

② 明确菜肴在工业化生产过程中的风味变化规律以及各加工环节对预制菜风味的影响，在保证传统品质的基础上，开展工业化转换与流程再造，确定"小锅换大锅"的工艺。

③ 模拟菜肴的工业化加工工艺，研究调味品的种类、复合程度、呈现形态以及添加方式、添加量对最终产品滋味和风味的影响，攻克传统调味品在预制菜加工、冷藏及复热等各个环节出现的终端风味损失或劣变的问题，研发风味缓释和补偿技术，建立不同预制菜专用调味品及其配套应用技术。

6.6 调味品与预制菜协同发展的途径

复合调味料的崛起，让相关企业有条件将复合调味料和优质食材相结合，首先在易工业化的标准模式（汤圆、水饺、撒尿牛丸、包点等）基础上演化出"预制菜"模式。相较传统的烹饪方式，预制菜显著地节省了事先的准备工作，提高了出餐效率，是适应现代生活的新型"厨房模式"。从产业上来看，复合调味品的崛起进一步推动了中国烹饪的标准化，顺应了我国烹饪从家庭化向社会化转移的发展趋势。预制菜产品的核心是味道，通过复合调味料的研发，可以让预制菜品类更加丰富，复合调味料与预制菜的深度结合"让餐厅的菜肴更加丰富和美味，让消费者在家也能品尝到如餐厅菜肴一般美味的高品质美食"。

预制菜生产主要分三个模块：食材预处理和标准化过程；菜肴的标准化调味烹饪过程；锁鲜储运过程。其中，如何标准化调味是预制菜加工的主要难点。总体来看，预制菜与调味品已经形成了互相拉动、共同发展的良好态势。预制菜要想吸引更多的消费者，关键在于巧妙调味，实现菜肴独特的口感风味再现；而调味品产业要想取得长足的发展，调味品企业应该积极与预制菜企业深度合作，契合消费者对产品的核心需求，打造高品质的差异化调味品，助力于预制菜品最大程度地还原口味，迎来预制菜与调味品共同的发展机遇。

中国调味品协会大数据信息中心特约研究员张枫总结了调味品与预制菜协同发展的六条路径：

① 提供调料配料解决方案。不同菜品需要的调味配料配方不同，原料企业切入预制菜赛道，在调味配料配方方面有明显的短板，调味品企业可以和此类预制菜企业合作，提供定制服务。

② 参与味型及菜品研发。很多预制菜企业在还原度和差异化上会有短板，但这种短板并不能依靠增加人员和设备，在短期内获得解决。具备条件的调味品企业，可以和预制菜企业深度合作，参与味型和菜品的研发和持续创新，这样既能用技术去补齐预制菜企业的短板，也可以实现产品调味原料的定制。

③ 提供基础或初加工原料。具备一定调味品原料优势的企业可以介入预制菜产业，长期给预制菜生产企业提供品质和标准如一的基础型原料或初加工原料。比如花椒、辣椒、豆瓣、豆豉等具有产地优势的厂家。

④ 提供定制和代工服务。很多预制菜生产企业可能在味型、菜品的研发、

创新上拥有专业的技术和团队,而其在调味及复合调味品生产上的短板需要企业根据配方要求寻求第三方定制或代工合作。

⑤ 直接介入预制菜产业,方式有两种:一种是直接投资经营,另一种是与其他关联度较高的企业或者预制菜生产企业合作。

⑥ 渠道共享或整合,调味品企业特别是以餐饮或全渠道运营的调味品企业具有渠道优势且专业度较高,与预制菜生产企业合作可以相得益彰、共同发展。

参考文献

[1] 董胜利,徐开生. 酿造调味品生产技术[M]. 北京:化学工业出版社,2003.

[2] 王式玉. 复合调味品在餐饮行业应用中存在的问题与对策[J]. 中国调味品,2018,43(05):185-188.

[3] 鹿子龙,张啸飞,李剑虹,等. 山东省城乡居民膳食钠摄入量及来源分析[J]. 中华预防医学杂志,2014,48(1):7-11.

[4] 刘蓉,闫革彬,芦丹,等. 北京市昌平区成年居民膳食钠钾摄入水平及食物来源分析[J]. 实用预防医学,2015,22(11):1339-1341.

[5] 魏楠,杜文雯,张继国,等. 6省餐馆菜品盐等调味品使用现况分析[J]. 中国食品卫生杂志,2021,33(3):337-344.

[6] Hu Y, Li Y, Li X, et al. Application of lactic acid bacteria for improving the quality of reduced-salt dry fermented sausage: Texture, color, and flavor profiles [J]. LWT -Food Science and Technology, 2022, 154, 112723.

[7] Valerio F, Conte A, Di Biase M, et al. Formulation of yeast-leavened bread with reduced salt content by using a Lactobacillus plantarum fermentation product [J]. Food Chemistry, 2017, 221: 582-589.

[8] 梁进欣,陈晓红,李珊,等. 植物乳杆菌对干腌马鲛鱼降盐增鲜效果的影响[J]. 食品科学,2022,43(6):174-180.

[9] 周雪. 减盐增鲜豌豆肽美拉德中间体制备及加工风味受控形成[D]. 无锡:江南大学,2021.

[10] Schindler A, Dunkel A, Stahler F, et al. Discovery of salt taste enhancing arginyl dipeptides in protein digests and fermented fish sauces by means of a sensomics approach [J]. Journal of Agricultural and Food Chemistry, 2011, 59(23): 12578-12588.

[11] Wang Y, Cui H, Zhang Q, et al. Proline-glucose Amadori compounds: aqueous preparation, characterization and saltiness enhancement [J]. Food Research International, 2021, 144: 110319.

[12] 陈雪,李宁,周劝娥. 调味品的营养化技术及发展趋势研究[J]. 中国调味品,2021,46(12):193-195.

[13] 于海燕, 刘新广, 李永, 等. 调味品减盐增鲜的研究进展 [J]. 食品科学, 2022, 43 (13): 267-275.

[14] 顾艳君, 朱惠丽, 温娟. 关于鲜味定量及其在复合调味料中的应用 [J]. 食品工业, 2012, 33 (11): 141-143.

[15] Liang L, Zhou C C, Zhang J C, et al. Characteristics of umami peptides identified from porcine bone soup and molecular docking to the taste receptor T1R1/T1R3 [J]. Food Chemistry, 2022, 387: 132870.

[16] Maehashi K, Matsuzaki M, Yamamoto Y, et al. Isolation of peptides from an enzymatic hydrolysate of food proteins and characterization of their taste properties [J]. Bioscience Biotechnology & Biochemistry, 1999, 63 (3): 555-559.

[17] Ma J, Chen Y P, Zhu Y W, et al. Quantitative analyses of the umami characteristics of disodium succinate in aqueous solution [J]. Food Chemistry, 2020, 316: 126336.

[18] Yang F, Lyu S, Liu Y, et al. Determination of umami compounds in edible fungi and evaluation of salty enhancement effect of antler fungus enzymatic hydrolysate [J]. Food Chemistry, 2022, 387: 132890.

[19] Kim M J, Son H J, Kin Y, et al. Umami-bitter interactions: The suppression of bitterness by umami peptides via human bitter taste receptor [J]. Biochemical and Biophysical Research Communications, 2015, 456: 586-590.

[20] 王福清, 易静薇. 复合调味料的生产及研究进展 [J]. 中国调味品, 2021, 46 (10): 193-197.

[21] 曾洁, 陈福玉, 于小磊, 等. 烹饪化学 [M]. 2版. 北京: 化学工业出版社, 2018.

[22] 冯涛, 刘晓艳. 食品调味与应用 [M]. 北京: 化学工业出版社, 2012.

[23] 张艳荣, 王大为. 调味品工艺学 [M]. 北京: 科学出版社, 2008.

第 7 章

预制菜加工装备

7.1 前处理装备

目前畜禽类预制菜的种类有很多，如狮头鹅、猪肚鸡、梅菜扣肉等，但是畜禽类预制菜的发展还面临着许多问题，如畜禽类预制菜加工技术的不够成熟导致产品出现感官、风味及安全性等方面的问题。当前畜禽类预制菜加工在原料初加工、烹调、灭菌、贮藏等技术方面的结合还没有达到最优化，各种加工技术对畜禽类预制菜风味衰减、品相劣变、营养损失等的机制研究还不够深入等。除此之外，屠宰装备对肉质的影响也是需要考虑的重点。

我国畜禽屠宰加工业在设备性能上与国外同类设备还有一定差距，但成本优势相当明显。同时，近年来，我国引进了国外先进的畜禽屠宰分割生产线，在引进和消化国外先进技术的基础上，屠宰工艺技术水平得到迅速提升，加工逐渐趋于智能化模式，机械装备国产化率不断提高。当前智能化屠宰设备主要由丹麦、德国、荷兰、澳大利亚和新西兰等国家生产。在畜禽屠宰环节，主要包括致晕、宰杀、放血、脱毛、开腹、掏膛、预冷、分割和分级、剔骨和修整等过程。

7.1.1 宰前管理装备

牲畜从出栏到待宰接收过程中，要在极短的时间内改变长期以来的生活环境和习惯，野蛮拖拽、旅途颠簸、驱赶刺激等因素容易使牲畜受到精神惊吓、体力消耗甚至身体的伤害，由此造成皮下组织损害、断骨、瘀血、苍白松软渗水（PSE）肉率增高等问题，影响肉品品质和安全。因此，有必要研发适合的动物宰前抓逮、运输、驱赶设备，以缓解运输途中牲畜的应激反应，例如，设计高度可以调整的卸载台，适应不同车辆卸载需要；利用微波干扰等技术，设计电子驱赶装置，使牲畜在自然状态下走进接收栏；设计自动化驱赶系统、自动化喂养系统、智能化全方位监控饲喂系统、自动化清洗系统等，从而实现待宰环节的自动化管理。对于家禽，研发自动化禽笼卸车、装车、自动消毒清洗设备是实现宰前自动化管理的关键。

7.1.2 致晕方法与装备

畜禽屠宰方法普遍采用先致晕后屠宰的方式，致晕方法及设备包括以下几点：

（1）机械击晕法

机械击晕法即用特殊的屠斧或铁锤，猛击其前额，使其昏迷，而后切断颈动脉放血，主要针对牛等大动物，对猪其他小动物则直接放血。丹麦Frontmatec公司的20509920型致晕箱由配有液压控制的后门、推杆、地板升降器、头部固定装置和侧门组成，液压控制的升降门确保一次只能有一只动物进入致晕箱，头部固定机构可根据动物大小进行调节，用来牢固地固定头部和颈部。动物进入致晕箱后被推杆和头部固定机构固定，随后进行致晕，致晕后推杆后移，头部固定装置解除固定，侧门打开，地板倾斜，动物自动出箱，该致晕箱每小时可致晕100头小牛或80头大牛。20世纪70年代，荷兰研发了手动电击晕棍，但击晕方式效率较低，目前主要作为辅助配套设备应用。

（2）枪击致晕法

枪击致晕法主要用于牛等大家畜的屠宰，枪击部位在动物额正中间。

（3）电击致晕法

电击致晕法即电麻醉。最常见的方式是心-脑麻电击晕和水浴式电击晕。心-脑麻电击晕是电流通过禽类的大脑，破坏了禽类正常的脑电活动，从而使禽类失去对疼痛的知觉和意识。当电流强度达到1.3A，1s就能使禽脑部功能丧失，达到有效击晕。水浴式电击晕是将家禽倒挂在有动力驱动的链条的金属挂钩上，待其行进至水浴式电击位置时，头部浸入电击晕机的正极水槽中（挂钩带负极电）而被击晕，但这种致晕方式会使家禽胸肉中出现针状出血点，且烹调时会变黑，影响肉质。冰岛Marel公司的水浴电击晕机可实现交流电压的无级调速，并且可根据活禽尺寸调整击晕机高度，适合所有类型的家禽，其中PureSine型水浴电击晕机采用纯正正弦波电信号，击晕过程较为顺畅,并可在 50~1500Hz 无级变频,实现击晕效率和肉质的平衡。由荷兰 STORK 公司生产的米达斯型全自动低压高频电击晕机可实现 3 点式自动击晕(图 7-1)。

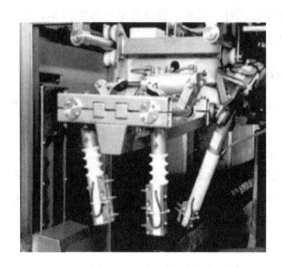

图 7-1 STORK 米达斯

(4) 气体击晕法

气体击晕法,现所使用气体是 CO_2,所以这种方法也称 CO_2 击晕。原理是 CO_2 气体有麻醉和刺激呼吸的作用。身体对 CO_2 浓度增高的反应是呼吸加速,由于在击晕装置中的 CO_2 浓度可达 90%,气体不再被呼出,CO_2 的吸入量不断增加并聚集在血液中,血液中高浓度的 CO_2 影响到大脑的功能并产生酸中毒,使牲畜丧失知觉。Marel 公司在畜类致晕方面采用电击致晕和 CO_2 致晕系统,每小时可致晕 40~1600 头猪不等。Banss 公司的 SOMNIA 型 CO_2 致晕系统综合了欧盟现行的动物福利标准和工业致晕对肉质的要求,在模块化设计中采用灵活的系统配置,且处理系统能够对不同大小的群体进行致晕,每小时可致晕 1200 头猪。SFK 公司生产的 Frontmatec CO_2 致晕系统可与自动传送带结合使用,在保证实现生猪快速致晕同时,可有效避免应激反应的情况出现。

(5) 电磁力致晕

德国 Banss 公司将 Restrainer BRT-HH-T *、Restrainer BRT-2 和 Restrainer BRT-3 三种设备用于猪致晕(图 7-2),三者均采用高频恒流致晕技术,实现了输送机和致晕设备之间的同步,且传动装置位于输送系统末端,减少了运输部件的磨损并避免了人员伤害,其中 Restrainer BRT-3 每小时最高可致晕 650 头猪。

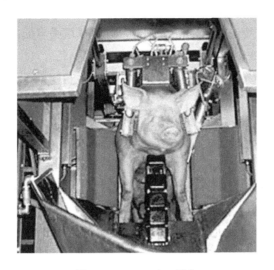

图 7-2　Banss BRT 设备

（6）家禽多段致晕屠宰法（图 7-3）

第一段采用技术成熟的水浴式电击晕机，然后刺杀家禽。之后，每隔一定长度布置一个平板式电击晕机，家禽按规定的时间通过电击晕机。每段击晕机设置在较低的电压范围内，保证在各段之间家禽处于昏迷状态，昏迷状态时间累计等于或超过 100s。该致晕法能够使禽体的胸部、翅根、翅尖等部位产生的血斑大大减少，降低了残损率。由于每一段电击晕的时间短，减轻了家禽痛苦，保证了操作者的安全。

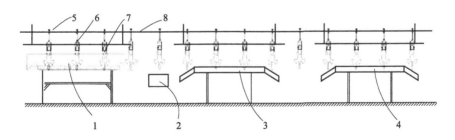

图 7-3　多段电击晕示意图

1—水浴式电击晕机；2—刺杀点；3、4—平板式电击晕机；5—轨道；
6—吊钩；7—家禽；8—电极（负）

不科学、不人道的屠宰方法会使畜禽产生痛苦的应激反应，从而影响肉质，形成白肌肉、黑干肉等。实行人道屠宰，化学和物理方法并用或研制先进电击器（如水浴电击晕机），能提高动物福利，减少动物产生应激反应的可能，从而减少白肌肉和黑干肉发生的比例，提高肉产品质量。如丹麦 Frontmatec 公司 CO_2 致晕系统配备全自动赶猪通道，赶猪区域噪声低，提高了动物福利，猪肉品质更高，每小时可驱赶 145～1400 头猪。

7.1.3 脱毛装备

（1）荷兰 MPS 公司生产的生猪去毛工序设备

荷兰 MPS 公司生产的生猪去毛工序设备是 Q-线蒸汽烫毛隧道和 Q-线 Tarzan 打毛机。Q-线蒸汽烫毛隧道通过温度控制系统及热交换器，通过调整时间、温度等参数来取得最佳效果，打毛效率可达 200～1600 头/h，但主要采用的是人工辅助半自动化生产线。

（2）Banss 公司设计的 DDM 240-2-2 型设备（图 7-4）

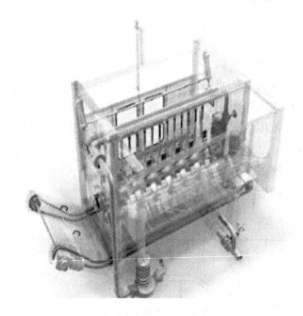

图 7-4　Banss DDM

可实现猪体打毛达 240 头/h，并且可实现烫毛到打毛之间全封闭转移。其针对牛、马剥皮的 BE 系列设备（图 7-5），适合安装到连续、间歇式的屠宰设备中。

（3）SFK 公司研制的 APE4 机器人

可在脱毛工序后完成自动化切腹、去除内脏，但其加工范围有限（1.5～2.1m），不能满足体型差异化较大的胴体加工。

(4) 西澳大利亚大学研发的魔法剪羊毛机器人

通过仿生机械手和电容传感器,加工效果要优于人工加工。

图 7-5　Banss BE

7.1.4　掏膛方法与装备

家禽掏膛主要有夹取式、挖取式和扒取式 3 种方式,规模化生产通常采用自动取内脏联合作业系统和人工辅助流水线生产两种方式。目前,国内的研究主要在机器视觉、柔性掏膛和机械手结构及运动设计优化几个方面,以提高智能化掏膛。如利用机器视觉技术对家禽胴体和内脏整体图像进行分割,对鸡心和鸡肝等可食用内脏器官进行图像分割、体内位置预测、特征提取和离体识别,构建家禽机械手掏膛系统;用压力传感器作为触觉感知系统检测机械手对家禽内脏的压力,实时调整机械手的净膛力度;除此之外,还有扒取式家禽取内脏机械手、夹取式自动掏膛机械手、APE4 自动化去除内脏机器人(图 7-6)等。如冰岛 Marel 公司的 Nuva CoreTech 核心掏膛机通过精确定位每只家禽,无须调整即可准确掏膛,每台掏膛机带 16 个 20 个掏膛处理装置,通过一次性自动化操作,可以完整地掏出包括心脏、肺脏、肝脏、禽胗和肠子在内的整副内脏包,并将其悬挂在背部。荷兰 Meyn 公司的新式掏膛机搭配全自动内脏在线分拣系统(图 7-7),掏膛机采用掏膛夹式结构将内脏包输送至内脏夹,内脏夹夹持内脏包通过兽医检验平台经肠胆自动分离机去除肠，经肝脏摘取机将鸡肝完整摘取，再经过心肺分离机和腺胃切割机进行鸡心和鸡胗的分离和切割，完成全自动在线分拣内脏的整道工序。荷兰 STORK 公司研发的 Nu-Tech Nuova 自动取内脏系统、自动胸骨剔除机构、FHF-XB/Sensor-X 智能切片系统等集 X 射线扫描、智能分切技术于一体，实现了生产集中化、高产、高质、高效。吉林艾克斯公司研发的一种以空间凸轮为控制机构，同时具备夹取式与挖取式的自动掏膛机和 L-10000 型智能化家禽自动掏膛生产线等。此外，扒取式家禽自动去内脏机、三指三关节家禽自动净膛末端执行器机构等也有一定研究。

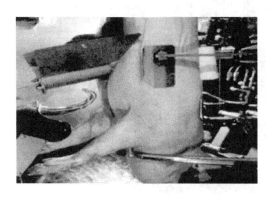

图 7-6　APE4 机器人结构

图 7-7　Meyn Vent 自动掏膛取内脏系统

7.1.5　分割装备

目前，国内外的畜禽分割技术都已经较为成熟，已有许多公司研究出了多种畜禽智能分割系统，如表 7-1 所示。畜禽肉品分割加工智能化是基于数字化、信息化技术与优化后的先进分割工艺路径深度融合，通过程序软件指挥或操控机器人（机械化工作站）及末端执行机构（机械手），按照规划的工作路径完成畜禽肉品分割加工的各个环节，即具有自感知、自学习、自决策、自执行、自适应等功能的机械化自动分割系统。国外早期在切割刀具和切割方式方面的研究较多，近年来主要集中在综合机器视觉、图像信息、激光扫描等技术，利用机器人进行分割，国内主要将机器视觉、力觉、机器人技术等引入畜禽分割加工行业，研究畜禽肉品机械自主分割。如 X 射线断层扫描技术、近红外光谱技术、计算机技术、高光谱分析技术等被应用于屠宰和加工阶段测定猪胴体组分和评估猪肉品质，以进行适宜的分级和分割。

表 7-1　畜禽类胴体分割装备

设备名称	性能
Marel StreamLine 剔骨和切割智能化系统	主要用于牛羊胴体分割,可监控、分析和最大化分割剔骨车间产量,剔骨设备的最低产能为 10 头/h 左右
自动化垂直羊肉初级分割设备	将胴体分割成羊肩、中段和羊腿(羊臀),系统可自动调整刀具高度进行羊腿(羊臀)的切割,分割速度可达到 300~400 只/h
琵琶腿切割模块	能够独立处理左腿和右腿,易于调整,切割精确,具有较高的性能
胸脯对半切割模块 NT	可以切割出无脊柱的整块胸脯,或分切出带脊柱或无脊柱的胸脯切块
前/后半胴体切割模块 NT	增加了倾斜度,能够保留更长的后半胴体
ACM-NT 翅尖切割机 Wing Tipper HP	可以切割超过 99% 的翅尖以及处理破损和脱臼的翅膀
手动分割设备	圆形切刀,分割利落,其中圆形切刀是目前采用较为广泛的切割刀具
自动初级分割线	每小时切割 100~1500 头猪,适用于长度偏差较大的胴体加工
AGOL-800/1100 自动初级分割线	各猪胴体能精确地单独切割
AiRA RPS-H 劈半斧机器人	融合图像信息和机器人控制等技术,每小时可以分割 450 头猪
猪体自动劈半机 TZ-ZPB 160 (图 7-8)	应用双刀劈切技术代替锯割劈半方法,实现了整个作业过程的自动化
家畜胴体多点夹紧分割装置	可分割具有一定体态差异的家畜胴体
家畜胴体去腿装置	采用持刀机器人分割四肢,具有分割精准快速、肉质损耗少的特点
羊胴体机器人自主分割系统	通过采集羊胴体的深度图像和骨骼图像拟合出立体图像模型,获取初始分割轨迹后模拟分割立体图像模型并结合模拟分割后的产品等级对初始分割轨迹进行调整,最后输出分割轨迹并控制分割机器人按该轨迹分割羊胴体
羊胴体计算机视觉辅助分割系统	包括标准化分级分割数据库,羊胴体信息数据库及信息录入、调取、查询和匹配等诸多模块,结合数据库信息,实现了标准化分割,分割准确率达到 95%
羊胴体分割设备	包括夹持装置、吊装架、扫描装置、机械臂自动切割系统等,通过机械臂持刀对羊胴体进行分割,保证了分割质量,实现了自动化分割并降低了人工成本
自动生猪切背(APF7)、劈半(APS65)设备	可沿脊椎分离鳍状骨实现切背,其使用的腹腔内导向、背部滚轮,可为自动剔骨等后续工序保证精度质量,生产能力可达 1500 头/h,并且可处理体型偏差较大的胴体
猪自动切割线(图 7-9)	生产能力可达 100~15000 头/h,并且可处理体型偏差较大的胴体
自动化牛胴体切割机器人	自动化程度高但加工速度慢,并且具有较高的设备成本,CSRO 实验室通过引入机器视觉与改进刀具的切割方式,实现了头部肉类分割
利用高压水枪切割肉类	在利用高压水枪切开肉的同时向切口处摄入压缩空气,以保证肉切口处的洁净

续表

设备名称	性能
Flex plus 切割生产线（图 7-10）	可基于视觉与在线技术称量,适用于多品种在线分级,提供了更高的生产灵活性
猪肉自动化分割系统	在对猪肉的中段进行细分过程中,通过脊骨、肋排等进行机械限位,较好地实现了剔龙骨、里脊肉和细分割的自动化作业
分割机器人	依据 X 射线断层技术可对胴体的瘦肉、肥肉及骨骼进行检测的原理,采用 X 射线对猪胴体成像后确定切割位置,可将猪胴体分割成前、中、后 3 段
HAMDAS-R 机器人	由四组 Staubli RX-160HE 六轴的垂直多关节机器人构成,采用三维切割线模式,实现对形状不规则、软质肉品的自动去腿骨处理
scott Forequarter 系统	使用 3D 视觉摄像机扫描胴体,创建一个虚拟模型和最佳切割位置,引导机器人手臂抓住胴体送入带锯进行切割,然后将切割产品转移到传送带上进行进一步加工和最终包装
羊胴体/骨架机器人智能分割系统	采用 3D 激光扫描仪对胴体/骨架扫描获取图像,使用 KINECT 传感器的场景图像采集装置和基于 FCN 深度学习模型的胴体、骨架识别算法,通过 BP 神经网络技术计算分割位置,完成关键部位信息提取及分割路径规划,采用 6 轴多关节机器人及铣削式末端执行机械手
GTRI 机器人分割	能够通过外部测量精确匹配鸡胴体的内部结构,实现对不同形态、规格的胴体规划理想切割路径,该机器人具有 3D 意识,能够高精准地切割鸡胴体
yieldas-eye 机器人系统	具有图像分析单元,能够感知鸡胴体的细微差别,并娴熟地完成鸡胴体的剔骨操作,实现无人化作业并节省劳动力
生猪图像分割	通过对图像进行背景差分、阈值分割获取初步分割图像后再利用其质心与图像光源信息进行阴影补偿,从而获得生猪分割后图像
猪腹剖切机器人系统	基于双目视觉,能够顺利完成劈开耻骨和剖切猪腹操作,且不会对胴体内脏器官造成损伤

图 7-8　猪体自动劈半机 TZ-ZPB 160

图 7-9　猪自动切割线

图 7-10 Flex plus 切割生产线

7.1.6 分级和预冷装备

肉类分级系统是指将不同畜禽肉类按品质进行划分和判定,通过肉类分级可规范生产和引导消费,可保证优质优价的市场规律,有利于肉类产品向高质量的方向发展。国内外在畜禽分级装备的研究方面都已经趋向于智能化,主要集中在计算机视觉、近红外光谱成像、拉曼光谱、计算机断层扫描和超声波等技术方面,如表 7-2 所示,归纳了几种分级装备。

表 7-2 畜禽屠宰分级装备

设备名称	性能
NitFom™	将碘值和单分子脂肪酸等脂肪肉质性状的分析直接引入刺杀车间,可以对碘值和脂肪酸进行实时分级,生产线速度可达到 1350 头/h(以胴体计),并且保证了极高的精度
Smart Weigher 智能称重机	将质量信息与基于自动视觉技术的质量评估进行结合,每个整只产品都会被加上带有质量信息的"标记"(在后续工序中使用),以便根据规格确定产品的最优分配
IRIS 自动质量分级系统	通过称重及影像技术可以在最高的加工速度下对产品进行分级,并将所有组织部位正确分配到分割线
定制式分级机	可自动分选或配合人工进行分级分选,设备可独立工作也可并入完整包装线,实现高速准确地对禽类胴体产品的分级
智能分级系统	用于解决现有人工肉类分级检测方式中误差大、效率低的问题
基于图像处理的猪肉外在品质在线分级装置	可应用于屠宰行业或是食品检验部门,实现在线检测以及与后续工段连接
近红外在线肉品分级自动检测装置	能够实时采集肉品光谱信息并转换为肉类指标,再与肉类品质分级数据库进行分级匹配后输出肉类等级
气动式羊胴体自动分级系统	可在线将羊胴体自动分成 4~8 个等级,实现每班生产 1000~2000 只肉羊

续表

设备名称	性能
家畜胴体自动分级系统	包括信号采集、传输、执行,适合中小型企业,并成功应用于家畜加工生产线
LS-1000、CS-3000 设备	可在线对脂肪含量进行测量,并测量大理石纹理
AUTOFOM 自动超声波扫描设备(图 7-11)	利用脉冲超声波读取数据,通过扫描猪的背部,能对每头猪胴体的 3200 个点的背膘厚度和肌肉厚度进行快速测量,过程快速且结果精准,速度可达 1150 头/h
CSB-IMAGE-MEATER 生猪影像分级仪(图 7-12)	运用医用高清摄像头对屠宰胴体取样,通过数字图像处理识别动物形体结构,运算出所含肉量与其他数据指标,基本实现了高准确性、快速性和无接触性的分级要求
CSB-Fuzzy Meater	基于机器视觉技术,通过对肉色、脂肪色、大理石花纹的识别,可有效测量牛分割肉质量和背膘厚度
CVS 牛肉影像分级设备	可判定牛分割肉眼肌切面大理石花纹等级和预测牛分割肉产量
Beefcam 设备	可通过检测眼肌颜色来判定牛肉嫩度
VIAScan	可满足大型生产线加工需求
BCC 在线牛胴体分级系统(图 7-13)	基于多视图立体成像(完整的 3D 图像)分析脂肪覆盖率,提升了牛胴体加工的智能化
羊胴体自动分级电子探针仪器	可对羊胴体进行客观的品质分级
家禽视觉分级设备(图 7-14)	基于机器视觉技术,通过对比家禽腹部和背部颜色可同时实现品质和质量的分级,可与分割生产线或去骨生产线集成使用,实现全线自动化作业
质量分级系统(图 7-15)	通过对禽体四周进行图像采集,在分级的同时可以统计羽毛残留、表皮破损等缺陷
家禽称重分级装备	可根据检测装置检测的质量进行自动分级摆放,无须人工参与,可应用于产业化

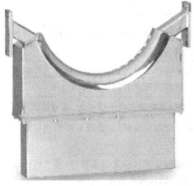

图 7-11 AUTOFOM 自动超声波扫描设备

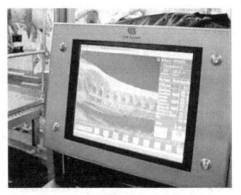

图 7-12 CSB-IMAGE-MEATER 生猪影像分级仪

图 7-13　BCC 在线牛胴体分级系统

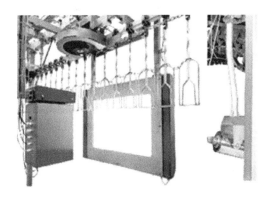

图 7-14　家禽视觉分级设备

图 7-15　质量分级系统

为了保证肉质，屠宰后的畜肉要快速进入冷却间降温，而人工推肉不仅会使许多肉片挤压在一起、效率低，还容易带入外源微生物污染。因此，设计畜肉二分体自动入库、自动预冷排列和自动出库全自动输送系统，使肉品在冷却环节实现自动化，对保证肉品质量至关重要。

7.2　鸡蛋加工装备

我国的鸡蛋以鲜蛋消费为主，占产蛋量的 90% 以上，我国禽蛋加工仅占产蛋量的 0.2%，而国外蛋制品消费占鲜蛋比例为：美国 60%，日本 50%，欧洲 25%～30%。目前几乎所有的禽蛋加工厂都设在北美、日本和欧洲。有 300 多家工厂，把世界 30% 的禽蛋加工成禽蛋制品。

按照鸡蛋加工产品，可将鸡蛋加工装备分为两大类：一是洁蛋（鲜壳蛋）加工装备，主要包括吸盘上料、整列、掉头、清洗、风干、辐照杀菌、涂膜、检测、分级、喷码、包装等工序和设备；二是鸡蛋深加工装备，包括自动上料、打蛋分离机（图 7-16）、均质、巴氏杀菌机（图 7-17）、冷藏、灌装、真空干燥、装袋、蛋壳处理和 CIP 等设备。

图 7-16　打蛋分离机

图 7-17　巴氏杀菌机

鸡蛋深加工核心装备是打蛋分离机，用来完成高速打蛋、蛋壳分离、蛋清蛋黄分离功能。打蛋分离机除用在鸡蛋深加工产品，如蛋粉、蛋液等的生产上外，也是其他需要以蛋液、蛋粉为原料或辅助材料的食品加工所需设备，如蛋糕、糕点、饼干、面条等的生产上均可使用打蛋机,因此,打蛋机的市场需求量呈逐年增加趋势。近年来,我国蛋品加工装备有了长远的发展,在鸡蛋深加工专用设备领域涌现出深圳振野打蛋机、福州闽台打蛋机、淄博桓台打蛋机、淄博兆瑞打蛋机、肇庆笙辉打蛋机等品牌;而巴氏杀菌等其他深加工设备,则与牛奶、奶粉、果汁等加工设备通用。

7.3 解冻与冷冻装备

7.3.1 射频解冻装备

冷冻食品是预制菜产品的主要形式,最理想的解冻效果是冻结食品在解冻后可以恢复冰冻前的新鲜状态。然而传统的空气解冻、水解冻、低温静置解冻等技术均存在解冻时间长、产品品质受损等问题。射频(radio frequency,RF)解冻是一种新型的冷冻食品解冻技术,其利用食品的介电特性,使食品在射频腔内受热升温,达到解冻目的。射频解冻装备由2个主要部件组成:发电机和施加器。发生器部分(又称加热系统)主要用于产生射频能量,施加器是金属结构。通过射频传输钢带将射频产生的能量引导到待加热的产品。简易射频解冻装备示意图如图7-18所示。与传统的空气解冻、水解冻、低温静置解冻等方式相比,射频解冻的解冻速度快、食品的解冻汁液流失率低、解冻后物料内的温度分布均匀、对食品品质影响较小,且易于控制。

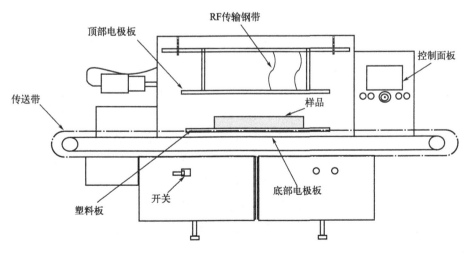

图7-18 射频解冻装备示意图

目前射频解冻按核心元件主要包括两种类型:一种为传统的真空电子管作

为核心元件产生的射频信号，主要由高压变压器、整流器、振荡电路、工作回路组成，其主要优势在于高功率输出水平和能承受与负载不匹配的性能，缺点为体积大、能耗大、工作电压高。另一种为晶体管射频（又称固体射频）解冻装备的加热系统，通过晶体管电路产生的高频信号被滤波放大至射频输出功率，主要由射频信号源、前置放大电路、功率放大电路、阻抗匹配电路、50Ω传输线、控制电路及负载回路组成。目前生产上常见的机型包括柜式射频解冻机和隧道式流水线型射频解冻机等。固体射频主要优势在于具有体积紧凑、价格较低、工作电压低、工作寿命长等优点，应用前景广阔。图7-19、图7-20是目前两种射频解冻机模型。

图7-19 柜式射频解冻机

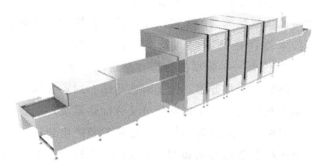
图7-20 隧道式流水线型射频解冻机

7.3.2 液氮冷冻装备

液氮冷冻装备属于直接接触冻结方式，食品与液氮换热后，迅速降温冻结。常见的液氮冷冻装备一般为喷淋式液氮冻结装置，由隔热隧道式箱体、喷淋装置、不锈钢网格传送带、传动装置、风机等组成。食品由传送带送入，经预冷区、冻结区、均温区，从另一端送出。风机将冻结区内温度较低的氮气送到预冷区，并吹到传送带上的食品表面，经充分换热使食品预冷。进入冻结区后，食品受到雾化管喷出的雾化液氮的冷却而被冻结。根据食品的种类、形状不同，冻结温度和冻结时间可通过调整贮液罐压力以改变液氮喷射量，以及调节传送带速度来加以控制，以满足不同食品的工艺要求。由于食品表面和中心的温度相差较大，所以冻结后的食品需在均温区停留一段时间，使其内外温度趋于均匀。

用液氮喷淋冻结装置（图7-21）冻结食品有以下优点：

① 冻结速度快。用-196℃的液氮喷淋到食品上，冻结速度快，比平板式

图 7-21 液氮喷淋冻结装置

冻结装置快 5~6 倍，比空气冻结装置快 20 倍。

② 冻结质量好。由于液氮无毒无味，而且对食品成分呈惰性，所以在冻结过程中可防止食品氧化。另外液氮喷淋冻结速度快，每分钟能降温 7~15℃，食品内的冰结晶细小而均匀，对细胞损伤小，解冻时食品的汁液流失少，解冻后食品质量高。

③ 冻结食品的干耗小。用一般冻结装置冻结的食品，其干耗率在 3%~6% 之间，而用液氮冻结装置冻结，干耗率仅为 0.6%~1.0%。所以，适于冻结一些含水分较高的食品。

④ 液氮喷淋冻结装置生产效率高，占地面积小，设备投资小。由于上述优点，利用液氮冻结在工业发达国家得到较广泛的应用。

液氮冻结食品存在的问题是：由于冻结速度快，食品表面和中心位置产生巨大的瞬时温差，易导致食品冻裂，所以过厚的食品不易采用液氮冻结。另外，液氮冻结的成本较高，使其应用受到一定的限制。

7.3.3 浸渍冷冻装备

浸渍冷冻技术是利用对食品无毒、无异味等特性的冷冻液作为制冷剂或者是载冷剂，与食品直接接触进行热交换，使物料快速冷冻的冻结方式。浸渍冷冻技术具有冻结速度快、能耗低、冻结质量好等优点。浸渍冷冻温度通常在 -35℃ 以下，物料的传热系数是气流冻结的 20 倍以上，冻结过程中快速通过冰晶带，避免食材细胞被冰晶破坏，减少水分扩散迁移，具有保持物料原有色泽、风味、质构、口感、营养成分的优势。与传统空气冻结方式相比，浸渍冷冻技术可快速冻结物料，从而降低能耗，并提高产品品质；与液氮速冻相比，浸渍冷冻技术载冷剂可循环使用，大大节省物料冻结成本。

浸渍冷冻机主要由速冻箱体、物料筐、升降装置和制冷压缩机组成。速冻箱体和制冷压缩机由管路系统连接，速冻箱体内安装有蒸发盘管并加注有载冷剂，速冻箱体内还设有气体搅拌装置。生产上浸渍冷冻机按物料速冻体量分为不同类型：

① 小型机，生产量 30～50kg/h，用于小型食品加工厂或用于展示和测试用。

② 中型机（图 7-22），生产量 100～150kg/h，用于中型食品加工厂。

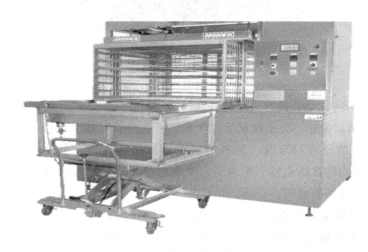

图 7-22　中型浸渍冷冻装备

③ 流水线式大型机（图 7-23），生产量 500～1000kg/h，用于大型食品加工厂。目前相关设备购置价格较高，浸渍冷冻机主要应用于高附加值的水产、海鲜、生鲜以及特色肉禽如黑猪肉、生态土鸡、牛羊肉等。

载冷剂是影响浸渍冷冻技术效果的关键因素。选择载冷剂需考虑如下因素：

a. 冻结温度低，必须低于冻结的运行温度；

b. 传热系数大，即导热系数大，而黏度要小；

c. 性质稳定，安全、无毒、不燃不爆、腐蚀性小、价格低。

目前在食品浸渍冷冻中所用的载冷剂主要有盐水溶液（$NaCl$、$CaCl_2$）、醇类水溶液（乙醇、乙二醇、丙二醇与丙三醇等）、糖类（蔗糖、转化糖、葡萄糖、果糖、山梨糖醇与玉米糖等）的水溶液。现阶段生产上被广泛应用的载冷剂有一元液体、二元液体、三元液体。三元冷冻液主要是由乙醇、氯化钠、水混合而成，该冷冻液还能够延长水产品以及肉质产品的保质期；二元冷冻液是由水和其他溶质组成的溶液，例如氯化钙溶液、氯化钠溶液等；一元冷冻液

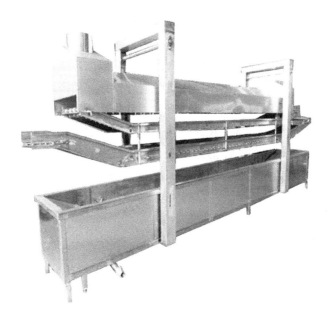

图 7-23 大型流水线式浸渍冷冻装备

主要是二氧化碳或液氮。然而，直接浸渍冷冻技术存在两大方面的缺点，即食品对载冷剂溶质的吸收难以控制和在直接浸渍冷冻中载冷剂品质逐渐降低，限制了该技术的发展，选择多元载冷剂能一定程度缓解这些缺陷。

7.4 食品杀菌装备

7.4.1 固态食品无菌装罐杀菌装备

固态食品无菌装罐杀菌装备是把食品的热力杀菌放在灌装封口之前，让蒸汽直接接触食品，传热快，杀菌时间大大缩短，避免过度加热，有效改进食品的口感。传统固态食品通常采用杀菌锅的方式进行热力杀菌，先把食品装在容器里并封口，然后把装封好食品的容器放进锅内，进行蒸汽或水浴杀菌。然而，传统固态食品杀菌方式因为食品隔着包装物，传热较慢，使杀菌时间较长，导致食品的过度加热，杀菌后食品的口感变差（俗称罐头味）。

固态食品无菌装罐杀菌装备主体部分包括：固态食品输送杀菌部、装罐封口输送部、罐体杀菌输送部和封口材料输送杀菌部（图 7-24）。固态无菌装罐设备的运作过程大致如下：固态食品、罐体和铝塑膜分别通过高温蒸汽杀菌，固态食品、罐体和铝塑膜均处于连通的密闭空间内，该密闭空间具有一个出罐口,固态食品、罐体和铝塑膜同时通过蒸汽杀菌;在杀菌完成后,关闭蒸汽,对密闭空间通过夹层内的冷却水进行冷却,同时充入氮气使密闭空间的气压保持微正压,使得氮气始终从出罐口向外排出;当到达设定氮气气压后,控制固态食品、罐体和铝塑膜输送,将固态食品倒入罐体内,通过封口机将铝塑膜对罐体进行封口,封口后的罐体通过传送带向外传送。固态无菌装罐设备把食品的热力杀菌放在灌装封口之前,有效改善了食品品质。同时,封装食品的包装物、盖和罐体以及相关机械也在封装腔内被蒸汽加热杀菌,并在无菌环境的腔内进行装罐和封口,确保食品达到商业无菌。这种系统做的罐头食品可以不含汤汁,表面干爽,商业无菌,能长期保存(2年以上)不被氧化变味(特别是油脂)。

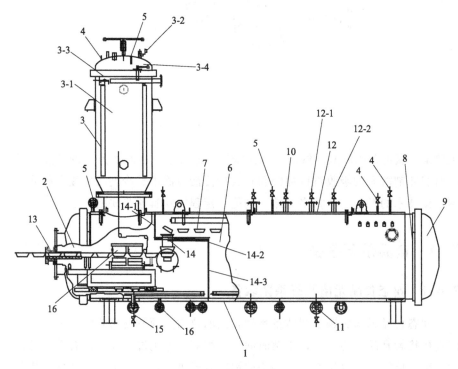

图7-24 固态无菌装罐杀菌装备示意图

1—固态食品腔;2—装罐封口腔;3—铝塑膜腔;3-1—铝塑膜杀菌腔;3-2—第三泄气阀;
3-3—第三进料口;3-4—第三盖体;4—泄气阀;5—无菌氮气进气口;6—食品杀菌腔;
7—料架、多孔食品容器;8—第一传送装置、第一进料口;9—第一盖体;10—氮气阀、第一排气阀;
11—第一蒸汽阀;12—冷却水夹层;12-1—进水口;12-2—出水口;
13—出罐口;14—食品倒料位;14-1—第一竖直隔板;14-2—水平隔板;
14-3—第二竖直隔板;15—第四传送装置、第四蒸汽阀;
16—封口机

7.4.2 超高压杀菌装备

超高压杀菌是指食品物料以柔性包装材料包装后,置于压力200MPa以上的高压装置中,经过高压处理,使之达到杀菌目的一种新型杀菌方法。通常是以水或其他液体作为传压介质,在100~1000MPa的加压处理下,维持一段时间后,使食品中的酶、蛋白质和淀粉等生物大分子改变活性、变性或糊化,并杀死食品中的微生物,以达到食品的杀菌、酶活性的钝化,并最大程度地改善或保持食品原有价值的目的。超高压杀菌的基本原理是基于压力对微生物的致死作用。高压可导致微生物的形态结构、生物化学反应、基因机制和细胞壁膜发生多方面的变化,从而影响微生物原有的生理活动机制,甚至使原有功能被破坏或发生不可逆变化,导致微生物死亡。

超高压技术处理特点如下:超高压技术属于非热加工纯物理过程,能够最大限度保持食品原有的营养、风味、色泽等成分,减少热敏成分的损失;可以改变食品原料的内部组织结构,使食品获得新的物性;压力瞬时一致地向食品中心传递,被处理的食品所受压力的变化同时发生,是均匀的过程;耗时短、节约能源;提高原料的加工利用率;无"三废"污染。

超高压装备主要由超高压处理容器、加压装置及辅助装置构成(图7-25)。

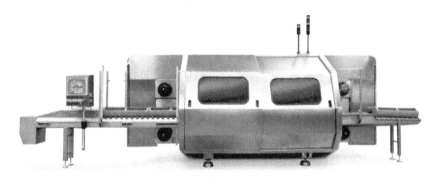

图7-25 小型超高压处理装备

① 超高压处理容器　食品的超高压处理要求数百兆帕的压力,采用特殊技术制造压力容器是关键。通常压力容器为圆筒形,材料为高强度不锈钢。为了达到必需的耐压强度,容器的器壁很厚。改进型超高压容器在容器外部加装线圈强化结构,与单层容器相比,线圈强化结构不但实现安全可靠的目的,而且实现了装置的轻量化。

② 加压装置　不论是直接加压方式还是间接加压方式,均需采用油压装置产生所需超高压,前者还需超高压配管,后者还需要配置加压液压缸。

③ 辅助装置　超高压处理装置系统中还有许多其他辅助装置，主要包括恒温装置、测量仪器和物料输送装置等。

按加压方式超高压装备可分为直接加压式和间接加压式。直接加压方式中，超高压容器与加压装置分离，利用增压机产生超高压液体，然后通过高压配管将高压液体运至超高压容器，使物料受到超高压处理。间接加压方式中，超高压容器与加压液压缸呈上下配置，在加压液压缸向上的冲程运动中，活塞将容器内的压力介质压缩产生超高压，使物料受到超高压处理。按容器放置位置分类超高压装备可分为立式和卧式。其中，立式超高压处理设备，占地面积小，但物料的装卸需专门装置。卧式超高压处理设备物料进出较为方便，但占地面积大。

7.4.3　电子束辐照杀菌装备

电子束辐照是利用电子加速器释放的电子束（最大能量 10MeV）产生的物理、生化效应，杀灭食品中的病原微生物及其他腐败菌，从而达到食品保鲜的目的。食品辐照是一种非热过程，能够通过直接或间接两种作用使微生物失活。直接作用是通过破坏重要的大分子，如 DNA、RNA 和蛋白质，来损害或杀死细菌，并使微生物无法繁殖，从而起到防腐作用。间接作用是通过电离水分子产生高度活性的自由基，改变食品中氧化还原环境，损伤微生物的核酸、蛋白质和酶，从而破坏微生物细胞膜和细胞内部 DNA，杀死有害微生物。适当剂量的电子束辐照不会显著改变食品的物理性质，处理后的食品几乎不会升高温度，并且可以杀灭食物中的病原体。目前，食品辐照技术的安全性已经得到越来越多国家的认可，电子束辐照技术已经广泛应用于农产品保鲜。近年来，辐照消毒灭菌已经逐渐进入商业化阶段，可被用于辐照消毒的食品种类也逐渐丰富起来。

电子束辐照设备的构成包括三大部分：一是电子加速器、传输系统、辐射安全连锁系统、农产品装卸和储存装置；二是供电、冷却、通风等辅助设备；三是控制室、剂量测量和农产品质量检验等设施（图 7-26）。电子束辐照加工在商业化推广应用中已经基本稳定实行，现阶段用于工农产品辐照加工的电子加速器主要有电子直线加速器和高压电子加速器两大类。近年来，10MeV 的高能量、大功率的电子束辐照设备凭借其高效、无污染、便捷等突出的性能特点，被广泛应用到食品和医疗器械的消毒杀菌处理中。目前生产上应用的主要是微波直线加速器和洛德加速器，我国生产的直线电子加速器的功率可达 15~25kW，输出/输入比为 10%~20%；而洛德电子加速器是由国外 IBA 公司独家独资研发生产的，效率更高，技术更为先进，其最大输出功率可达

700kW，输出/输入比高达30%以上。

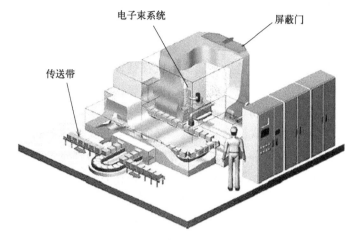

图 7-26　电子束辐照生产线示意图

7.5　食品包装设备

食品为了贮存、流通和消费的需要，必须进行适当的包装。食品包装机械主要分为内包装和外包装机械，内包装机械一般完成分装和灌装等操作；外包装机械是在完成内包装后再进行的贴标、装箱、封箱、捆扎等操作。

根据食品的形态，分装机械可以分为液体、酱体和固体装料机三种形式。

7.5.1　液体装料机

液体装料机即液体灌装机，适用于定量灌装靠重力作用能在管道内按一定速度自由流动的液体。如牛奶、酒类和果汁等。对牛奶、果汁等不含气的液体物料的灌装，常采用常压法灌装和真空法灌装。

液体装料机的基本结构包括：送瓶机构（包括进瓶、出瓶机构）、瓶子升降机构、定量灌装机构和传动机构等。真空灌装机主要由送瓶系统、灌装系统、打盖系统和传动系统等部分组成。送瓶系统主要由链板式输送机、螺旋分隔器、拨轮等组成。灌装部分采用真空灌装，主要由瓶子升降机构、贮液槽、弹簧、阀门装料机构、真空装置等组成。典型的无菌灌装设备有瑞典利乐公司制造的砖体形包装设备。物料经超高温杀菌后，在无菌条件下用已经消毒的复合材料包装成砖形，无须冷藏，可在常温下保存和流通。该设备适用于牛乳、果汁等饮料的包装，在乳品工业上应用广泛。无菌灌装设备主要包括4个基本机构，即食品原料的超高温灭菌装置、包装材料的灭菌装置、包装环境的灭菌装置，以及食品的灌装、封合装置。

7.5.2 酱体装料机

酱体装料机适合灌装靠重力不能流动或很难自由流动，必须加上外力才能流动的酱体食品原料，如番茄酱、炼乳、肉糜等。酱体装料机目前多采用活塞定量，然后由活塞装入罐体中。

浓酱灌装机是一种立式活塞装料机，又称为回转式酱体装料机。活塞安装在回转运动的酱体贮槽底部，通过垂直往复运动，把酱体定量吸入，然后装进容器中，灌装容积可调节。该机构具有液位自控能力。

灌肠机，又称充填机，是将经过真空搅拌后的肉糜，充填到人造或天然肠衣中，制成各种肉肠。灌肠机有活塞作用，对肉糜进行挤压，使之通过管状出料口。先进的连续真空灌肠机，采用特殊的回转泵把肉糜挤压出来。这种充填机装有真空装置，可以一边除去肉馅中的气泡一边进行填充，这对于防止压缩火腿肠和香肠的气泡有明显效果。在主机内部安装有容量填充装置，可以实现定量装填。

7.5.3 固体装料机

固体物料的形状及性质比较复杂，一般有颗粒状、块状、粉状、片状等。其几何形状也多种多样，所以它的装料机多属于专用设备，形式较多，不宜普遍推广使用。现有固体装料机的定量方式大多采用容积定量法和称量定量法。对于粉状物料如奶粉、乳精粉、饮料粉等进行定量灌装，设备设计难度比较大，这类粉状物料的密度不稳定，易黏结，易吸潮，不宜流动。其定量装罐方法一般采用容积法和称量法。

对于定量灌装机构的要求，应有较高的定量精度和速度，结构简单，并能根据定量要求进行调节。粉状物料的容积定量法与称量法相比，设备结构要简单些，定量速度较快，造价低，适用于质量轻和密度比较稳定的粉料灌装，但精度较低。称重定量装置是利用电子秤对物料充填进行称重定量。常用的有净重充填和毛重充填装置。

7.6 封罐、封袋机械

食品分装以后，属于瓶装、罐装的需要进行封盖，属于袋装的需要封口。封罐、封袋机械的结构形式应满足食品的种类、性质和包装容器的工艺要求。

7.6.1 封罐机械

7.6.1.1 金属罐二重卷边封罐机

金属罐普遍采用二重卷边法将罐体和罐盖进行卷合密封。二重卷边有两种作业方式：第一种是罐体旋转，卷边滚轮对罐体中心仅作径向移动，完成二重卷边；第二种是罐体固定不动，卷边滚轮一方面绕罐体周围旋转，另一方面向罐体中心作径向移动，完成卷边作业，该方式常见于自动封罐机，特别适合于含汤汁类罐头的封口。主要罐装机械有：预封机、真空自动封罐机。

7.6.1.2 旋合式封盖机

旋合式封盖是对螺纹口或卡口容器用预制好的带螺纹或带突牙的盖，经由专用机械旋合而完成容器口密封的一种封口形式。被广泛用于玻璃瓶罐食品的封口和塑料瓶口的封合。这种封口具有启封方便和启封后可再盖封的优点。旋合式封盖用旋合封口机来完成。旋合封口机主要由供瓶机构、供盖机构、旋盖机头及定位和控制机构等部分组成，其中封口机械是旋盖机构。

7.6.1.3 滚压式封口机

滚压式封口主要用于撬开口、螺纹口等玻璃容器采用撬开盖或扭断防盗盖的封口。它是通过滚压封口机的加工，使金属盖盖缘与容器口相应结构嵌合而实现封口密封。滚压式封口机也称为玻璃罐封罐机，结构上主要由滚压机头、供瓶机构、托瓶机构、调节机构和传动机构等部分组成，其中封口执行机构是滚压机构。滚压机头中的滚轮绕罐盖和瓶口滚轮一周，并完成容器口封合。不同形状的瓶口的封盖，滚压封合时应选择相应的结构和尺寸的压口滚轮。

7.6.1.4 压盖封机

压盖封口是目前玻璃瓶最常见的封口形式，因为密封性好、制作简单、成本低而广泛使用。压盖封口的瓶盖一般称为皇冠盖，是用镀锡板预压制成的，边缘有折皱周边，盖内浇注密封环料。压盖机使皇冠盖的折皱边压入瓶口凹槽内，使盖内密封材料产生适当的压缩变形，从而达到对瓶口的密封。

7.6.2 封袋机械

封袋机械主要有两种主要形式：一种是制袋充填包装机，另一种是封口机。

制袋充填包装机是对可以封接的包装材料先在包装机上制成袋，粉状、颗粒状或液体物料被自动计量后充填到制成的袋内，随后可按需要进行排气（包括再充气）作业，最后封口并切断。制袋充填包装件根据制袋与充填物料的方向不同，一般可分为立式和卧式两种形式。立式制袋充填包装机特点是被包装物料的供应筒设置在制袋器内侧，适用于松散体及液体、酱体的包装。卧式制袋充填包装机有多种类型，其中应用最广的是扁平袋的卧式制袋充填包装机。

封口机机械只完成袋装食品的排气（可再充气）、封口或只完成封口操作。塑料袋封口机用于对装填好产品的塑料袋进行封口，塑料袋由专业彩印厂生产。常见的封口机械有真空包装机、真空充气包装机和单纯封口的普通封口机。

7.7 冷藏装备

7.7.1 食品冷藏库

7.7.1.1 冷藏库的分类

冷藏库可按照库容量、温度以及使用性质等进行分类。目前我国商业系统冷藏库按容量可分为四类：大型冷藏库（>10000t）、大中型冷藏库（5000～10000t）、中小型冷藏库（1000～5000t）和小型冷藏库（<1000t）。按冷藏库设计温度分为高温冷藏库（-2℃以上）、低温库（-15℃以下）。按使用性质可分为：生产性冷藏库、分配性冷藏库和零售性冷藏库。

生产性冷藏库主要建在食品产地附近、货源较为集中的地区，它的生产方式是从事大批量、连续性的冷加工，加工后的食品必须尽快运出，故要求建在交通便利的地方。其特点是冷加工能力大，并设有一定容量的周转用冷藏库。

分配性冷藏库一般建在大中城市、人口较多的工矿区和水陆交通枢纽，作为市场供应、中转运输和贮藏食品用。其特点是冻结量小，冷藏量大，而且要考虑多种食品的贮藏。

零售性冷藏库一般建在城市的大型副食品商店内，供临时贮藏零售食品之用。特点是库容量小，贮藏期短，库温随使用要求不同而异。

7.7.1.2 冷藏库的组成与布置

冷藏库主要由主体建筑和辅助建筑两大部分组成。按照构成建筑物的用途不同，主要分为冷加工间及冷藏间、生产辅助用房和生活辅助用房等。冷加工间及冷藏间包括冷却间、冻结间、冷却物冷藏间、冻结物冷藏间和冰库等。冷却间用于对进库冷藏或需要先预冷后冻结的常温食品进行预冷，冷却间内装有吹风式冷却设备，一般采用的冷却温度为－2℃，相对湿度为90%，将产品由室温冷却到4℃左右。某些冷藏库的冷却间温度采用－10℃快速冷却方法来提高冷却效果。对于果蔬、鲜蛋的冷却间，常采用冷风机和风道两侧送风，使冷却间气流均匀，以防食品发生冻结。

冷藏库的布置是根据冷库的性质、允许占用的土地面积、生产规模、食品冷加工和冷藏的工艺流程、库内装卸运输方式、设备和管道的布置要求等，来决定冷库的建筑形式，确定冷藏库各组成部分的建筑面积和冷库的外形，并对冷库的各冷间、生产和生活辅助用房的具体布置进行合理设计。

7.7.2 冷藏柜与冰箱

7.7.2.1 冷藏陈列柜

冷藏陈列柜是菜场、副食品商场、超级市场等销售环节的冷藏设施，目前已成为冷藏链建设中的重要一环。冷藏陈列柜装配有制冷装置，有隔热层，能保证冷冻食品处于适宜的温度下；能很好地展示食品外观，便于顾客选购。冷藏陈列柜按其结构形式分为敞开式和封闭式两种。

7.7.2.2 电冰箱

在冷藏链中，家用冰箱是最小的冷藏单位，也是冷藏链的终端。家用冰箱已进入寻常家庭，对冷藏链的建设起到了很好的促进作用。

7.8 冷链贮运装备

冷链贮运是冷藏链中必不可少的重要一环，主要包括冷藏汽车、铁路冷藏车、冷藏船和冷藏集装箱等。从某种意义上讲，冷链贮运设备是一种可移动小型冷库。

7.8.1 冷藏汽车

冷藏汽车运输的主要任务是将食品由分配性冷库送到食品商店和其他消费场所。冷藏汽车根据制冷方式可分为机械制冷、液氮或干冰制冷、蓄冷板制冷等多种形式。这些制冷系统相互间差别较大，应根据食品种类、经济成本、可靠性等方面综合考虑选用。

机械制冷冷藏汽车是采用制冷机组使车体内降温的冷藏运输工具。制冷机组通常安装在车厢的前端，大型货车的制冷压缩机配备专门的发动机，小型货车的压缩机和汽车共用一台发动机。机械制冷冷藏汽车的蒸发器通常安装在车厢的前端，采用强制通风方式。冷风贴着车厢顶部向后流动，从车厢两侧及后部到车厢底部，然后沿底部间隙返回车厢前端。这种通风方式能使整个食品货堆都被冷空气包围，外界传入的热量直接被冷风吸收，能够保持食品的冷藏温度。

在冷藏运输新鲜的果蔬类食品时，由于此类鲜活农产品会产生呼吸热，为了能及时排除这些热量，在码垛时要留出间隙，以利于通风散热。运输冻结食品时，食品没有呼吸热，货物间不用留间隙。

7.8.2 铁路冷藏车

陆路远距离运输大批量冷冻食品时，采用铁路冷藏车运输比较经济。铁路冷藏车根据降温方式的不同，可分为冰制冷、液氮或干冰制冷、机械制冷等几种类型。机械制冷铁路冷藏车以其制冷温度低、温度调节范围大、车厢内温度分布均匀、自动化程度高等优点而成为铁路冷藏车的主要发展方向。

7.9 烹饪装备

7.9.1 烹饪工业化装备

加热烹饪设备是烹饪工业化加工工艺过程中的核心设备，其专门化是产品标准化的关键。随着餐饮业的快速发展，工业烹饪设备在品种和技术功能方面有了很大的提高。

7.9.1.1 炒制设备

（1）搅拌型炒锅

搅拌型炒锅细分类型包括简单偏心搅拌炒锅、多头偏心搅拌炒锅、多头燃气搅拌炒锅、导热油搅拌炒锅等。该设备由底座、燃烧器、锅体、可倾结构、搅拌轴等组成。搅拌轴由单独的传动系统组成，具有自转和公转两个功能，并具有无级变速功能，可增强炒制效果；蜗轮传动可倾装置使得出料和清洗更加方便。在不同类型的炒锅中，导热油搅拌炒锅加热方式较为特殊。使用时，燃烧器先加热导热油，再由导热油对锅内的物料加热，可通过控制导热油温度来控制烹饪温度。

（2）卧式真空蒸汽搅拌炒锅

卧式真空蒸汽搅拌炒锅是在一定的真空状态下对菜品进行烹饪。该设备由内外锅体、搅拌系统、可倾系统、抽真空系统、蒸汽加热系统等部分组成。该设备加热和搅拌操作采用完整的控制系统。温度传感器可监测锅内温度变化；食物在真空低温（70~100℃）条件下加工，可以消除产品的过热情况，确保食物品质；在真空下锅内压力降低，调味料易于入味，使食物富含风味并保持良好外观品质。

（3）滚筒式智能炒制设备

滚筒式智能炒制设备有一个倾斜的滚筒，内置环形通道，能对内筒加热，内筒中设有炒板，原料连续加入内筒中，随着滚筒的转动，原料一边被炒板搅动，一边被推动沿滚筒滑向出料口。设备具有产量大、节省人工的优点。滚筒式智能炒制设备采用电磁加热方式，热效率高，加热迅速，火力可调，设备分四段加热，每段加热温度、火力挡位可单独调控，以满足物料不同炒制阶段的火候要求，适用性强。设备采用微电脑控温技术，可实现精准控温，加工工艺易于控制，出产产品标准化，操作简单，自动化生产，节省人力物力。

7.9.1.2 油炸设备

油炸作为食品熟制的一种加工工艺由来已久。在食品行业中，采用油炸工艺生产的食品有油炸果蔬类制品、肉类制品和方便食品等。食品工业生产用油炸设备各种各样，有间歇式油炸设备、连续性油炸设备、真空式油炸设备等。

（1）间歇式水油混合式油炸设备

间歇式水油混合式油炸设备由上油层、下油层、水层、加热装置、冷却装置、操纵机构等组成。冷却装置在油水分界面处。其上油层的加热可采用内外同时加热的加热方式，以提高加热效率，同时使上油层的油温分布更加均匀。截面设计采用上大下小的结构方式，即上油层的截面较大，而下油层和水层的截面较小，这样既可以提高油炸能力，又能减小下油层的用油量，减少油的氧化变质。当油水分界面的温度超过50℃时，冷却装置自动开启，将温度控制在设定温度范围之内。

（2）连续式深层油炸设备

典型的连续油炸设备由油槽、支架、输送装置、液压装置等组成。该设备至少包含五个独立单元：①油炸槽，用于盛装榨油和提供物料油炸时的空间；②带恒温控制的加热系统，用于提供油炸食品时所需热量；③输送系统，用于输送产品；④炸油过滤系统，用于除去物料油炸过程中产生的残渣；⑤排气系统，用于除去油炸过程中产生的油烟。一台连续式油炸设备实际上是一个组合设备系统。组成单元形式的不同，油炸设备也就各有不同。

7.9.1.3 蒸煮熟制设备

蒸煮熟制设备是以热水或蒸汽作为加热介质，对食品进行熟制，一般为常压操作，温度较低。常见的蒸煮熟制设备可分为间歇式和连续式两大类。

夹层锅是常见的间歇式蒸煮设备，在食品加工业中用途广泛。该设备结构简单，使用方便，是定型的压力容器。其锅体通常为半球形结构，常以蒸汽为热源，也可以配合过热油的电加热或燃气加热。具有受热面积大、加热均匀、加热温度易于控制、不会产生焦糊等特点。

连续式热烫设备可以分为三类。第一类是预煮设备，将物料浸在热水中进行处理；第二类是蒸汽热烫设备，利用蒸汽直接对物料进行热处理；第三类是喷淋式热烫设备，利用热水对物料进行喷淋处理的设备。三类设备没有本质区别，只是利用的加热介质状态和处理方式存在差异。螺旋式连续预煮设备主要由壳体、筛筒、螺旋、进料口、卸料装置和传动装置组成。筛筒安装在壳体内，并浸没在水中，以使物料能够完全浸没在热水中；螺旋安装在筛筒内的中心轴上，中心轴由电动机通过传动装置驱动，通过调节螺旋转速，可获得不同的预煮时间。蒸汽从进气管通过电磁阀从壳体底部进入机体，直接喷入水中对水加热；出料转斗和螺旋同轴安装并同步转动，转斗上设置打捞料斗，用于物料预煮后的打捞与卸出。蒸汽热烫设备通常采用蒸汽隧道与传送带结合的结构，使物料由进料端通过水封进入蒸汽室热烫，热烫的时间取决于传送带的速度。物料热烫后经过出料端水封进入下一机工工序。蒸汽热烫设备需要解决的一个基本问题是进出料过程要确保蒸汽室内的蒸汽不外泄，较简单的方式是采用水封结构。

7.9.1.4 高压过热蒸汽蒸烤设备

高压过热蒸汽蒸烤设备包括烤制隧道、温湿度传感器、过热蒸汽发生系统和中央控制系统。设备的机架和输送链条设置在烤制隧道内，输送链条在动力装置带动下运行，链轮和输送链条固定连接，链轮在输送链条的带动下运行。挂钩与链轮连接，用于烤制原料的吊挂。过热蒸汽发生系统包括蒸汽输送管路，其一端连接蒸汽源，一端分出多个管路，均匀分布在烤制隧道侧板的内壁上，分管路上设置喷气孔。加热器设置在出气管路的喷气孔处，用于加热喷气孔喷出的蒸汽使之形成过热蒸汽，从而对隧道内的食品原料进行烤制。温湿度传感器均设置在烤制隧道内并由中央控制系统控制。

高压过热蒸汽蒸烤设备可以实现肉制品等在设备内的连续化烤制并实现机械化输送。所采用的高压过热蒸汽可以对物料实现立体化、全方位的烤制，烤制成品质量高。温湿度传感器和中央控制系统可以编制不同的烤制程序，以满足不同种类产品烤制要求，并实现烤制过程的自动化控制。设备能够实现节能降耗、减少人工成本、减少污染物含量、提升烤制食品的风味、质地。

7.9.2 厨房便捷装备

7.9.2.1 微波解冻设备

微波解冻是指在交变电场作用下,利用物质本身的带电性质来发热使冻结产品解冻。微波解冻设备有间歇式和连续式两种,微波解冻时,食品表面与电极并不接触,从而可以防止介质对食品的污染,并且微波作用于食品内部,使食品内部分子相互碰撞产生摩擦而使食品解冻。微波解冻速度快,食品营养物质的损失率低。

频率是微波解冻中的关键因素。一般来说,频率越高,其加热速度越快,但穿透深度会越小,且微波频率对解冻食品的质量有较大影响。微波解冻常用的频率是915MHz和2450MHz。

7.9.2.2 绞肉机

绞肉机作用是将原料肉按照要求切成细小的肉粒,适用于制作各种馅料。绞肉机主要由进料斗、供料螺杆、螺套、铰刀、孔板等组成。螺旋供料器为变距螺旋,目的是将原料肉在绞肉机内逐渐压实并压入刀孔。供料螺杆的螺距向着出料口方向逐渐减小,而其内径则逐渐增大。当其旋转时,这种结构特点使得螺杆对物料产生一定压力,从而将物料从进料口逐渐加压,肉料进入孔板进行切割。绞肉机孔板上面布满轴向圆孔或其他形状的孔,在原料肉切割过程中起定刀作用。其规格可根据成品要求进行更换,孔径为8~10mm的孔板通常用于脂肪的最终绞碎或瘦肉的粗绞碎,孔径3~5mm的孔板用于细绞碎工序。

绞肉机的生产能力由切刀的切割能力决定。生产过程中,物料被切割后从孔板孔眼排出,供料器才能继续送料,否则会导致物料堵塞和磨碎现象。工作时转速不能过高,供料螺旋转速太快时,容易造成物料在切刀附近堵塞,加重负荷,损伤电机。此外,刀具的锋利程度对绞肉质量有较大影响,刀具使用一段时间会变钝应及时更换或修磨,否则将影响切割效率和绞肉成品的质量。

7.9.2.3 洗碗机

碗碟清洗机的种类多样,按照其功能可分为,全自动碗碟清洗机和普通碗碟清洗机。作为厨房的重要组成部分,其特点包括以下几方面:保证餐具卫生安全,碗碟清洗机能够实现餐具的清洗、消毒和烘干,可以保障餐具的卫生和安全;节省人力,碗碟清洗机的清洗效率较高,可以节省人工成本,并降低工作人员的劳动强度。

7.9.2.4 榨汁机

榨汁机可用于新鲜果品和蔬菜的打浆,是厨房制作果酱、果汁和蔬菜汁的理想设备。

7.9.3 预制菜装备制造逐渐智能化

目前,大多数预制菜的生产流通都缺乏标准化、系统化的作业模式,需要依靠智能化的生产设备、先进的仓储物流体系及冷链运输技术来满足产业高速扩张发展的需求。因此,实现预制菜智能装备行业配套同步发展对于推动预制菜标准化、健康有序发展至关重要。

未来,装备制造企业可以从预制菜加工装备、冷藏保鲜装备、预制菜配送终端设备及预制菜专用厨具厨电等方面入手,与预制菜生产企业合作,打造与新产业配套的"新概念工厂""新概念厨房";物流配送企业可依托冷链网络优势,为预制菜定制全程冷链解决方案;数据服务商则可联通预制菜产业 B 端、C 端用户,实现信息化联通、资源共享、产品追溯、质量监管的闭环服务。预制菜全产业链上下游协同创新将不断深化,助力新业态新发展。

如今,预制菜产业也为制造行业带来了新机遇,越来越多的家电装备制造企业也跨界入局,与预制菜产业双向奔赴。如格力电器依托其装备制造产业和冷冻冷藏技术优势,成立了预制菜装备制造公司,并发起筹建广东省预制菜装备产业发展联合会,构建预制菜装备的研发、生产、运营全产业链体系,如构建肉类、水产、蔬菜三位一体的智能化深加工生产线。围绕保鲜、健康、安全解决预制菜食材自动化高效处理、食品安全等系列问题,助力生产企业降本增效,创建以智能物流仓储为中心的精益物流生产模式等,将进一步以工业发展促进农业产业化升级。

海尔、老板等家用电器生产企业也不断开发新产品增加厨电与预制菜的适配性,同时,家电企业原本的产品及渠道资源也能够帮助预制菜产业更好地打开市场,海尔目前已依托于食联网生态品牌,打通了从田间地头到用户餐桌的全流程,能够实现一键扫码溯源。

参考文献

[1] 殷涌光. 食品机械与设备[M]. 北京:化学工业出版社,2015.
[2] 许学勤. 食品工厂机械与设备[M]. 北京:中国轻工业出版社,2007.

[3] 马海乐. 食品机械与设备 [M]. 北京：中国农业出版社，2011.

[4] 徐怀德，王云阳. 食品杀菌新技术 [M]. 北京：科学技术文献出版社，2004.

[5] 张裕中. 食品加工技术装备 [M]. 北京：中国轻工业出版社，2013.

[6] 唐伟强. 食品通用机械与设备 [M]. 广州：华南理工大学出版社，2010.

[7] 顾林，陶玉贵. 食品机械与设备 [M]. 北京：中国纺织出版社，2016.

[8] 高海燕，张军合，曾洁，等. 食品加工机械与设备 [M]. 北京：化学工业出版社，2008.

[9] 李书国，张谦，董振军，等. 食品加工机械与设备手册 [M]. 北京：科学技术文献出版社，2006.

[10] 袁世先. 超声波果蔬清洗机工作参数的试验及优化 [J]. 农机化研究，2014（7）：190-194.

[11] 李东. 滚筒式果蔬清洗机的设计研究 [J]. 机械工程师，2015（8）：154-155.

[12] 周文玲，刘安静. 浸冲式洗瓶机进瓶装置的比较研究 [J]. 包装与食品机械，2007（25）：9-11.

[13] 陈立定，文玲. 连续浸泡喷冲式洗瓶机的设计关键 [J]. 包装工程，2008（29）：84-85.

[14] 赵林林，武涛. 立式超声波洗瓶机原理及结构优化 [J]. 机械工程师，2009（6）：104-106.

[15] 蒋茂春，郑志为. 洗瓶机同步往复式喷淋装置的改进 [J]. 设备管理与维修，2011（8）：42-43.

[16] 何东健，昌新民. 山萸去核机的主要工作部件及参数研究 [J]. 西北农业大学学报，1993（21）：31-35.

[17] 杨公明，程玉来. 食品机械与设备 [M]. 北京：中国农业大学出版社，2015.

[18] 刘春泉，卓成龙，李大婧，等. 不同冻结与解冻方法对毛豆仁品质的影响 [J]. 江苏农业学报，2012（1）：176-180.

[19] 冯晚平，胡娟. 冷冻食品解冻技术研究进展 [J]. 农机化研究，2011（10）：249-252.

[20] 文静，梁显菊. 食品的冻结及解冻技术研究进展 [J]. 肉类研究，2008（7）：76-80.

[21] 罗健生，郑元法，赵建云，等. 果蔬真空预冷机控制系统的设计 [J]. 时代农机，2010（3）：65-66.

[22] 闫静文，王雪芹，刘宝林，等. 基于S7-300PLC果蔬真空预冷机控制系统的设计 [J]. 食品工业科技，2010（3）：320-324.

[23] 陈洁，张娅妮，周根标，等. 熟肉真空冷却技术的最新进展 [J]. 制冷空调与电力机械，2007（1）：14-17.

[24] 许占林. 中国食品与包装工程设备手册 [M]. 北京：中国轻工业出版社，2000.

[25] 陈斌，刘成梅，顾林. 食品加工机械与设备 [M]. 北京：机械工业出版社，2003.

[26] 张国治. 食品加工机械与设备 [M]. 北京：中国轻工业出版社，2011.

[27] 刘晓杰，王维坚. 食品加工机械与设备 [M]. 北京：高等教育出版社，2004.

[28] 吕长鑫，黄广民，朱洪波. 食品机械与设备 [M]. 长沙：中南大学出版社，2015.

[29] 陈从贵，张国治. 食品机械与设备 [M]. 南京：东南大学出版社，2009.

[30] 马荣朝，杨晓清. 食品机械与设备 [M]. 北京：科学出版社，2012.

[31] 张佰清，李勇. 食品机械与设备 [M]. 郑州：郑州大学出版社，2012.

[32] 孙智慧，高德. 包装机械 [M]. 北京：中国轻工业出版社，2010.

[33] 李大鹏. 食品包装学 [M]. 北京：中国纺织出版社，2014.

[34] 姜纪伟，周纷，张艳霞，等. 射频解冻过程中食品加热均匀性影响因素的研究进展 [J]. 食品

安全质量检测学报, 2020 (11): 7354-7360.

[35] 张群. 冷冻食品射频解冻技术研究 [J]. 食品生物技术学报, 2016 (35): 1232.

[36] 陈远辉, 郭子淳, 赵锡和, 等. 一种水产品射频解冻装置及其控制系统设计 [J]. 现代农业装备, 2022 (43): 75-81.

[37] 王雪松, 谢晶. 竹荚鱼浸渍冻结液配方的优化与应用效果 [J]. 食品与发酵工业, 2021 (47): 195-200.

[38] 杨雯雯, 郭志芳. 直接浸渍冷冻在食品加工中的应用现状与前景 [J]. 粮食科技与经济, 2021 (46): 107-109.

[39] 蔡颖萱, 魏文婧, 董鹏程, 等. 电子束辐照对肉中微生物和肉品质的影响及机制研究进展 [J]. 食品工业科技, 2023 (44): 450-457.

[40] 邓文敏, 陈浩, 裴颖, 等. 高能电子加速器在食品辐照加工中的应用分析 [J]. 核农学报, 2012 (26): 919-923.

[41] 陈静, 唐振闯, 程广燕. 我国稻谷口粮消费特征及其趋势预测 [J]. 中国农业资源与区划, 2020 (41): 108-116.